Visual ビジュアル 日経文庫

ロジカル・シンキング

平井孝志・渡部高士［著］
HIRAI Takashi WATANABE Takashi

日本経済新聞出版社

まえがき

本書では、ロジカル・シンキングの基本をしっかりとお伝えします。わかりやすい文章と、直観的に理解できる図表を使って、大切なポイントはほぼすべて網羅しています。知っておくべきことは、この一冊を読めばマスターできると言えるでしょう。

ロジカル・シンキングの基本は、「ピラミッド構造」と「MECE（モレなくダブリなく）」です。とてもシンプルなのですが、これを実践することは、けっこう大変です。どこからどう考えてよいかわからない。時間を使っていろいろ調べたのに、結局、正しい答えにたどりつけなかった。このような経験は、誰でも持っていることでしょう。ひょっとしたら、その解決のため、ロジカル・シンキングの本を何冊か読んだことがあるかもしれません。でも、結局ポイントがよくわからない、うまく使えないというイラダチを感じている人も多くいるでしょう。

この本では、69個もの「考えるヒント」を提供しています。その１つ１つが、皆さんの頭を活性化します。問題をどう捉え、どのような切り口で考え、どう答えを導き出すのか。こういった思考のプロセスをたどり、各項目の説明があなたに刺激を与えます。そして、問題解決を助けてくれるはずです。

今や、ロジカル・シンキングは、ビジネスにおける思考の「グローバル・スタンダード」になりました。仕事を進めていくうえでの、必須スキルになったと言っても過言ではないでしょう。スキルは、「知っている」だけではダメです。「使える」ように鍛えなければいけません。実は、ロジカル・シンキングは、いつでもどこでも訓練できるものです。ふだん新聞を読むとき、通勤・通学の電車の中、友達と行くレストランなど、日常生活の中で、今日からすぐ取り組めるのです。そこで、本書の最後では、具体的な訓練法についても解説しました。
筆者は、現役で働くコンサルタントです。ロジカル・シンキングを使いこなし、結果を出さなければならないコンサルタントがふだん気をつけていること、また、コンサルティング会社で行われている研修の内容も、ふんだんに盛り込みました。本書は、ロジカル・シンキングを「使える」ようになるための最初のステップになるでしょう。考えることが楽しくなる、そして仕事や生活の質を向上させるために、さあ一歩、踏み出しましょう！

2012年４月

平井 孝志
渡部 高士

目次

第Ⅲ章 モレなくタブリなく考える

第Ⅳ章 ロジカル・シンキングで問題解決

第Ⅴ章 思考の質を高める

第VI章 説得力を高めるロジカル・コミュニケーション

第VII章 ロジカル・シンキングの訓練法

第 I 章

ロジカル・シンキングは仕事の常識

1 ロジカル・シンキングとは「正しく考える」こと

ロジカル・シンキングは、客観的に物事を捉えて構造を理解し、正確な判断をおこない、望ましい結果を得るための基本です。ロジカル・シンキングには、正しい道筋で物事を考えるための手法が存在します。

ロジカル・シンキングを身につけることで、課題を明らかにし、それに対して効果効率的に答えを出していくことができるようになります。たとえば、「売上を５割アップさせよう」といった目標を与えられ、途方に暮れたことはありませんか？　ロジカル・シンキングは、こういった目標を達成していくうえでも、大きな威力を発揮します。

まず、ロジカル・シンキングでは、目標達成に向けた課題が何かを、客観的に捉えることから始めます。売上を伸ばすために、市場の伸びにあわせてマーケットシェアを維持すれば済むのか、それとも、市場が縮小しているのでシェアを大きく伸ばさなければいけないのか、こういったことを客観的に理解していくのです。もし、シェアを伸ばすべきなら、そのためのカギが、製品なのか、顧客の数なのか、それとも、販売店の数なのか……。さらに次のステップへと考えを深めていくことになります。客観的に課題を理解し、大事なポイントを押さえられれば、おのずと必要な情報や分析も明らかになり、正しく判断をすることができるようになります。これがロジカル・シンキングです。

ビジネスパーソンとして、素早く正しい判断をするために、ロジカル・シンキング＝「正しく考える」ための手法をお伝えしていきます。

ロジカル・シンキングは「正しく考え」、問題を解決するための基本ツール

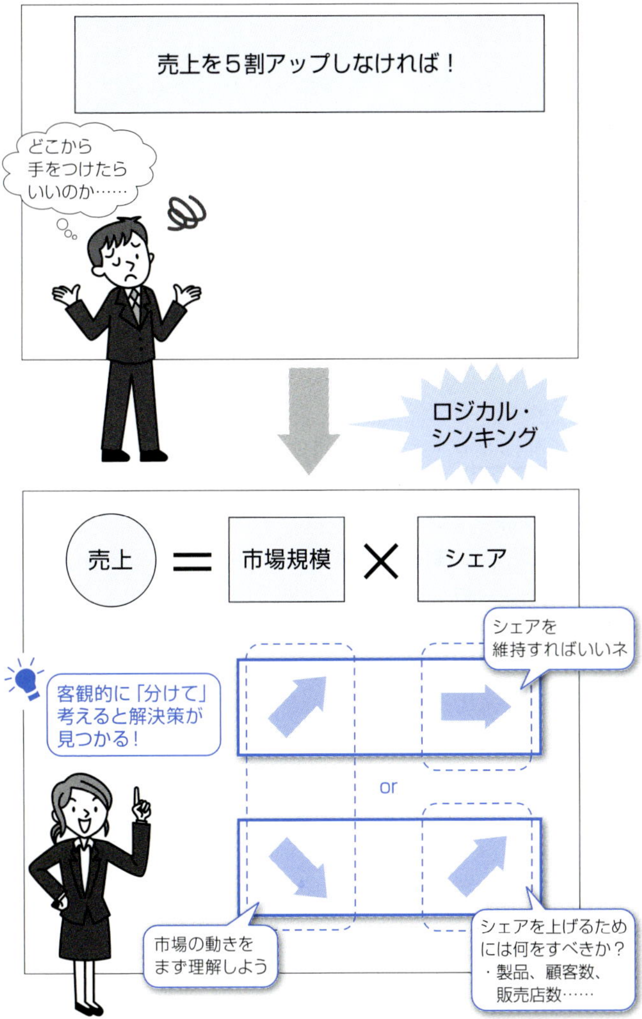
売上を５割アップしなければ！
どこから
手をつけたら
いいのか……
ロジカル・
シンキング
売上
市場規模
シェア
シェアを
維持すればいいネ
客観的に「分けて」
考えると解決策が
見つかる！
or
市場の動きを
まず理解しよう
シェアを上げるため
には何をすべきか？
・製品、顧客数、
販売店数……

2 基本はピラミッド構造とMECE

ロジカル・シンキングの基本は、物事を構造的に分解して捉えること（ピラミッド構造）と、モレなくダブリなく（MECE）考えることの２つにある、と言うことができます。

複雑なものを、複雑なまま考えることは難しいものです。「正しく考える」ためには、その複雑な対象を分析し、考えるべき項目を明らかにしていくことが必要です。そもそも分析するとは、複雑なものを分けて明晰にすることです。それゆえ、ロジカル・シンキングの１つ目の基本は、「ピラミッド構造を作る」ということになります。ピラミッド構造は、まさに、複雑なものを小さく、何段階にも分けていくことに他なりません。そうすることで、自分の考えを整理していくことができるのです。

物事を分解して考えるときに大切になるのは、「MECE」です。MECEとは、Mutually Exclusive, Collectively Exhaustiveの頭文字を取ったもので、モレなくダブリなく、という意味です。検討に漏れがあったり、重なりがあったりすると、効果効率的に正しい結論に至ることはできないでしょう。たとえば、自社の顧客構成を考えた場合、顧客を「20代」「30代」と年齢別に分けていく中で、「学生」「主婦」といった別の切り口が出てくると、重なりが生まれてしまい、何をどう考えるべきかが不明確になってしまいます。常に、MECEを意識することで、考える要素のヌケモレを防ぐことができ、より正しい答えに行き着く可能性が高まります。ピラミッド構造、MECEは、ロジカル・シンキング、すなわち「正しく考える」ための２大基本ツールなのです。

ロジカル・シンキングは「ピラミッド構造」と「MECE」の2つを押さえることで使いこなせる

ピラミッド構造は複雑な対象を分けて
物事の理解を深めるアプローチ

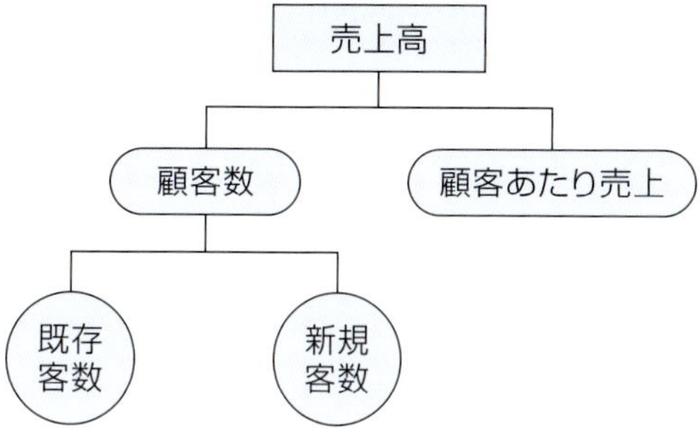
売上高
顧客数
顧客あたり売上
既存客数
新規客数

MECE でモレなくダブリなく全体像を把握することが大前提

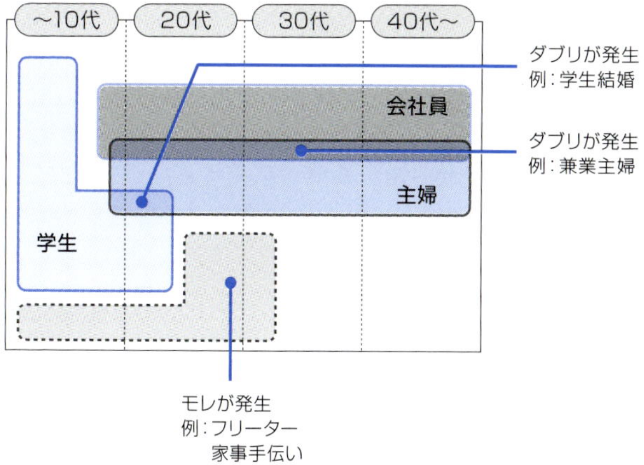
~10代
20代
30代
40代~
ダブリが発生
例：学生結婚
会社員
ダブリが発生
例：兼業主婦
主婦
学生
モレが発生
例：フリーター
家事手伝い

3 ピラミッド構造で論理力を高める

ピラミッド構造は、物事を、絵的に、シンプルに表現する手法です。人間の右脳をうまく活用するパワフルな思考法であり、世の中の至るところにはびこる「知」の形です。

「売上高」=「数量」×「単価」。「数量」=「国内分」+「海外分」といったように、物事を分解し、ピラミッドの形で一枚の絵として示せれば、いろんな項目の関係が一目瞭然となり、全体を理解しやすくなります。しかし、いきなり最初から完璧なピラミッド構造を作るのは難しいものです。

最初は不完全な形でもよいから、紙の上にピラミッド構造を書き出してみることも大切です。そうすることによってヌケモレや、ダブリが見つかることもあります。あるいは新しい発想、たとえば、複数の項目をひとまとめにできる上位概念の発見や、今のものとは異なるピラミッド構造が見えてきたりすることも期待できます。物事をピラミッド構造で捉えようとすることは、思考を深めることにも役立つのです。

普段の生活の中でも、ピラミッド構造はいたるところに顔を出します。たとえば、外で食事をする場合、「どこで食べようか？　何を食べようか？」と考えていく道筋も立派なピラミッド構造です。ピラミッド構造は、人間の思考のパターンに結構フィットしているのです。たとえば、頭が切れるな～と思える人の中には、「大事なポイントはこの３つです」と的確にコメントできる人がいます。おそらくその人の頭には、３つのポイントからなるピラミッドのイメージがあるに違いありません。

論理をピラミッドの「絵」で表現し、右脳を活性化！

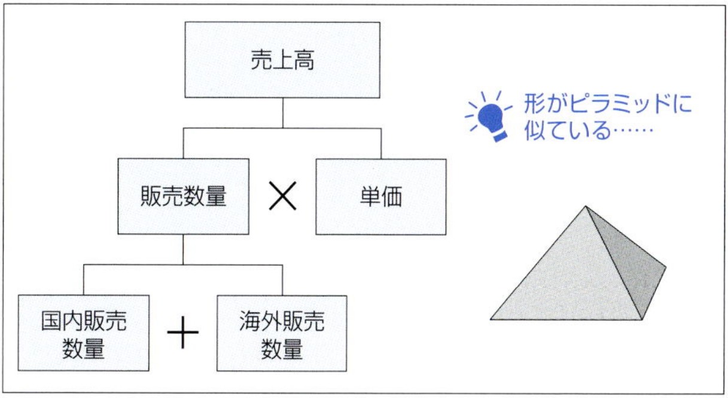

売上高
販売数量
×
単価
国内販売数量
＋
海外販売数量
形がピラミッドに似ている……

事例　どこで外食するかを決めるのもロジカル・シンキング！

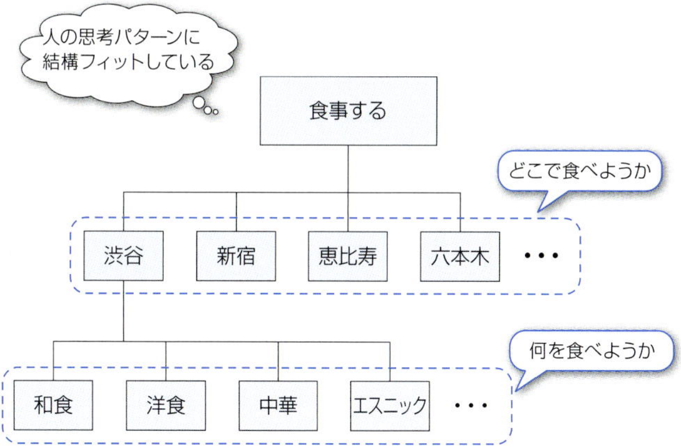

人の思考パターンに結構フィットしている
食事する
どこで食べようか
渋谷
新宿
恵比寿
六本木
・・・
何を食べようか
和食
洋食
中華
エスニック
・・・

4 「モレなくダブリなく」考えるのがMECE

MECE（ミーシー）とは文字通り、「モレなくダブリなく」という考え方です。MECEは、いま考えていることの全体像になり、物事を分解していく際の必要条件になります。

MECEに物事を考えられないと、いろいろな弊害が生じてしまいます。まずモレがある場合には、大事なことを見落として、間違った結論に至ってしまう可能性が高くなります。たとえば、売上を伸ばすために、新しい顧客の開拓や、値上げ（あるいは値下げ）だけを考えていては不十分です。既存の顧客からのリピートオーダーをどう増やしていくか、あるいは、付属品の販売をどう増やしていくのか、こういったことも考えるべきでしょう。成熟した市場では、既存の顧客からいっぱい買ってもらうことのほうが、より大切かもしれません。いま考えている全体像に大きなモレがある場合、永久に正しい答えにたどり着くことはできなくなってしまうのです。

一方、ダブリがある場合は、何度も同じことを考えることになり、効率が悪くなってしまいます。一見、違った切り口で考えていたので、ダブっていることに気付かないケースも時々見かけます。たとえば、キャリア形成のために、「スキルの向上」と「仕事での成果の出し方」を考えることは、一見、違うことを考えているようで、根っこは同じかもしれません。これらのことについて考えを巡らせるより、「スキルの向上」と「人脈作り」の２つについて考えてみたほうが、ダブリがなく、より効果的ではないでしょうか？

ヌケモレ、ダブリがあると、正しい答えに効率的にたどり着く可能性はゼロ

事例 売上を伸ばすためには……

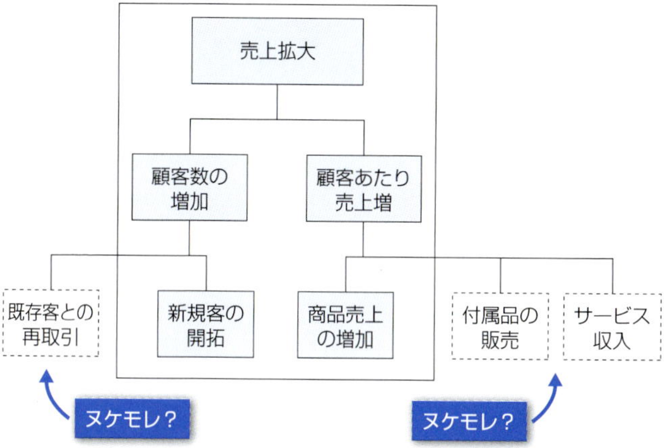

売上拡大
顧客数の増加
顧客あたり売上増
既存客との再取引
新規客の開拓
商品売上の増加
付属品の販売
サービス収入
ヌケモレ？
ヌケモレ？

事例 キャリアアップするためには……

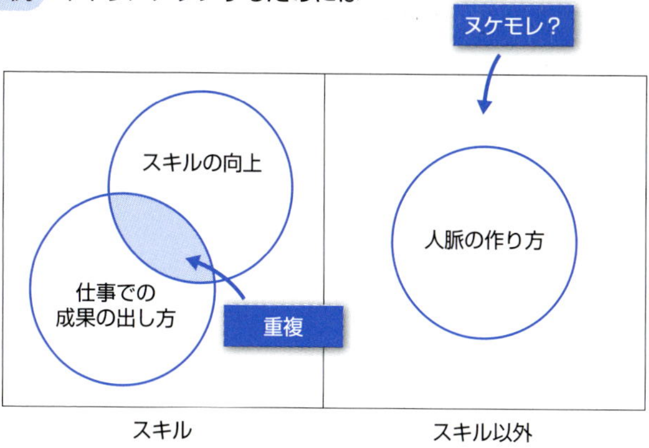

ヌケモレ？
スキルの向上
仕事での成果の出し方
重複
人脈の作り方
スキル
スキル以外

5 ロジカル・シンキングで思考スピードをアップ

ロジカル・シンキングを身につけることができると、何を考えるべきかが明確になり、モレなくダブリなく考えられるので、考える時間を短縮することができます。

ロジカル・シンキングの大きなメリットの1つに、考える時間の短縮を挙げることができます。なぜなら、ロジカル・シンキングでは、難しい問題をそのまま全体的に捉えて悶々とするのではなく、「分ける」というアプローチによって、考える取っ掛かりや切り口（視点・視座・視野）を見つけ、すぐに考え始めることができるからです。経営コンサルタントがよく直面する課題、「クライアントX社の戦略はどうあるべきか」を例に取ってみましょう。いきなり、何がよい戦略か？　を漠然と考えても、なかなか正しい答えは出てきません。しかし、X社の強み・弱み・機会・脅威は何かという切り口（SWOT）を用いることによって、論理的に考えるための突破口が開けてきます。そして、誰に・何を・どうやって、という視点で戦略を整理してみると、その会社のあるべき戦略が明らかになります。

積極的にMECEやピラミッド構造を活用していこうとする姿勢は、考えるべき課題の前で立ち止まっているムダな時間を短縮してくれます。また、考えている途中の堂々巡りや、重複を減らしてくれます。結果、思考のスピードは格段にアップするのです。思考のスピードがアップするということは、それだけ多くのことを考えられる時間が確保できることを意味します。それはそのまま、仕事の成果につながっていくはずです。

ロジカル・シンキングで何を考えるべきかを明確にし、スピードアップ

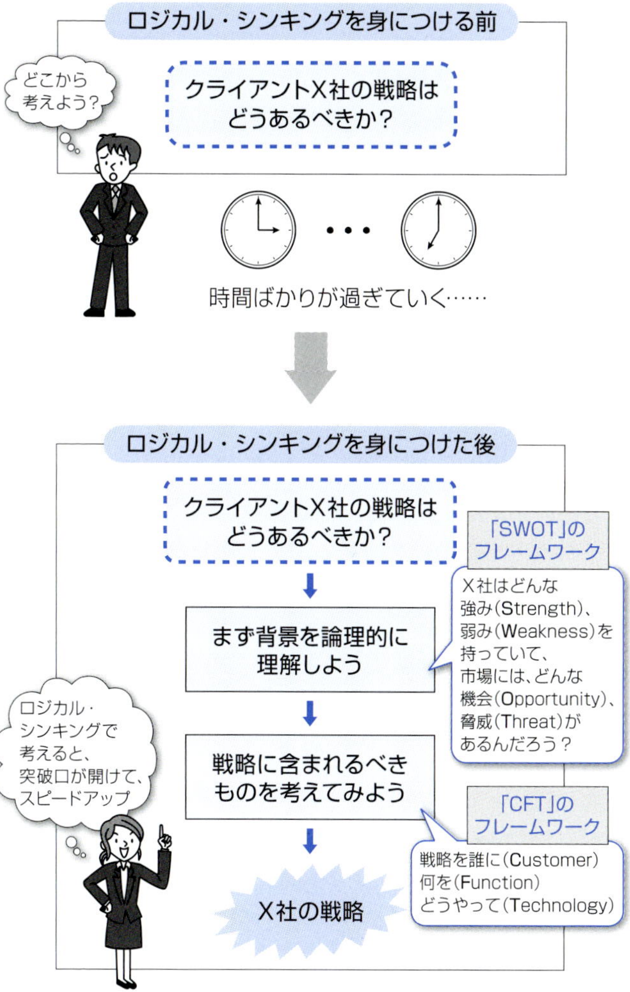

ロジカル・シンキングを身につける前
どこから考えよう？
クライアントX社の戦略はどうあるべきか？
時間ばかりが過ぎていく……
ロジカル・シンキングを身につけた後
クライアントX社の戦略はどうあるべきか？
「SWOT」のフレームワーク
X社はどんな強み(Strength)、弱み(Weakness)を持っていて、市場には、どんな機会(Opportunity)、脅威(Threat)があるんだろう？
まず背景を論理的に理解しよう
戦略に含まれるべきものを考えてみよう
「CFT」のフレームワーク
戦略を誰に(Customer)何を(Function)どうやって(Technology)
X社の戦略
ロジカル・シンキングで考えると、突破口が開けて、スピードアップ

6 ビジネスにすぐに役立つ ロジカル・シンキング

ロジカル・シンキングは、ビジネスにおける基本的なスキルです。その応用範囲は広く、業務の進め方、報告書の作成、プロジェクト管理、さらには自分のキャリア形成など、日常の様々なところで生きてきます。

顧客に対するプロジェクトでも、社内におけるプロジェクトであっても、やるべきことにヌケモレがあったり、手順が間違っていたり、プロジェクト遂行上のボトルネックが見えていなければ、どこかでプロジェクトは行き詰まってしまいます。安定したプロジェクト運営をおこない、成功させるためには、やはり、プロジェクト全体をロジカル（論理的）に把握しておくことは避けて通れません。

プロジェクトのような大きな仕事でなくても、日々の業務の中でロジカル・シンキングは役立ちます。たとえば、報告書に報告すべき項目が含まれておらずやり直しになることや、自分の考えが浅くて、上司の「あれはどうなっているの？」という質問に右往左往することも、ロジカル・シンキングができていれば避けられるはずです。逆に、あなたの考えていること・報告したことが、上司の考えより、深く、広かったら、仕事は順調に進み、上司の信任は相当に厚いものとなるでしょう。

自分の将来のキャリア形成などにおいても、ロジカルに考えると、今何をすべきか、将来何をすべきかが見えてくるはずです。ロジカル・シンキングは、ビジネスパーソンとして生活するうえでのOS（オペレーティング・システム）と言ってもよいのかもしれません。

ロジカル・シンキングはビジネスパーソンのOS（オペレーティング・システム）

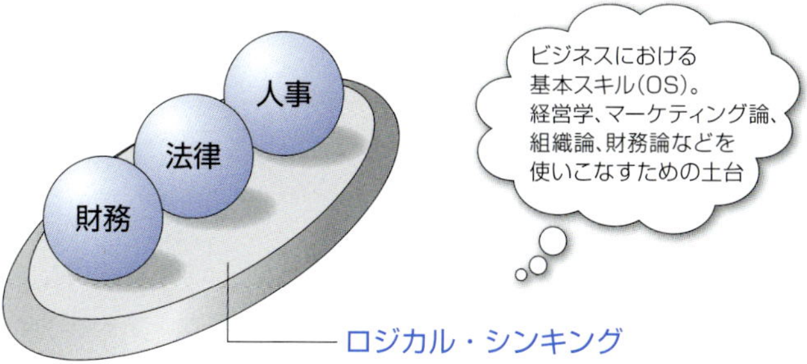
人事
法律
財務
ビジネスにおける基本スキル(OS)。経営学、マーケティング論、組織論、財務論などを使いこなすための土台
ロジカル・シンキング

ロジカル・シンキングが役立つ場面は多い

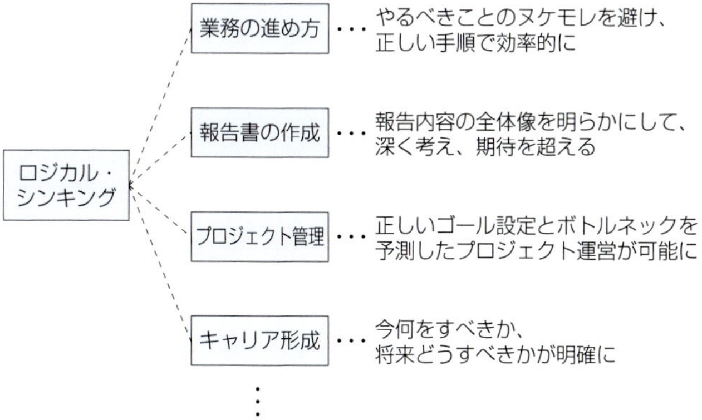
ロジカル・シンキング
業務の進め方 … やるべきことのヌケモレを避け、正しい手順で効率的に
報告書の作成 … 報告内容の全体像を明らかにして、深く考え、期待を超える
プロジェクト管理 … 正しいゴール設定とボトルネックを予測したプロジェクト運営が可能に
キャリア形成 … 今何をすべきか、将来どうすべきかが明確に

7 そもそも「考える」とは結論を出すこと

そもそも「考える」ことの目的は、入手した情報を処理し、そこから何らかの結論を導き出すことです。結論の出ない議論を続けることや、ただ単に情報の形を変えてアウトプットするだけでは、考えているとは言えません。

情報を前にただ悶々としているのは、考えているのではなく、「悩んでいる」と言うべきでしょう。そもそも「考える」とは、入手した情報から何らかの結論を出すこと、そのために情報と結論の間にある論理を構築することです。考えた結果である結論は、入手した情報に基づいていて、論理の前提や構成が誰にとってもわかりやすく、矛盾のないものになっている必要があります。そうであってはじめて、ものごとが前に進んでいきます。

会社の会議や、政治の世界では、しばしば結論の出ない議論を延々とやっているように見えることがあります。そうであれば、考えていることにはなりません。単なる時間の浪費です。なぜなら、何のアウトプットも生み出さないからです。極端な話、費用対効果はゼロと言ってよいでしょう。

入手した情報を加工し、別の形の情報としてアウトプットするだけでも不十分です。「正しく考える」の「考える」の中には、必ず、自分なりの「だから何なの（So What）？」が含まれていてしかるべきなのです。インターネットが普及し、誰でもどこでもいろんな情報が手に入るようになりました。だからこそ、ますます「考える」ことの重要性が増しているのではないでしょうか。それでは、次章以降、ロジカル・シンキングの手法について具体的に解説していきます。

世の中にあふれる価値を生まない時間・作業

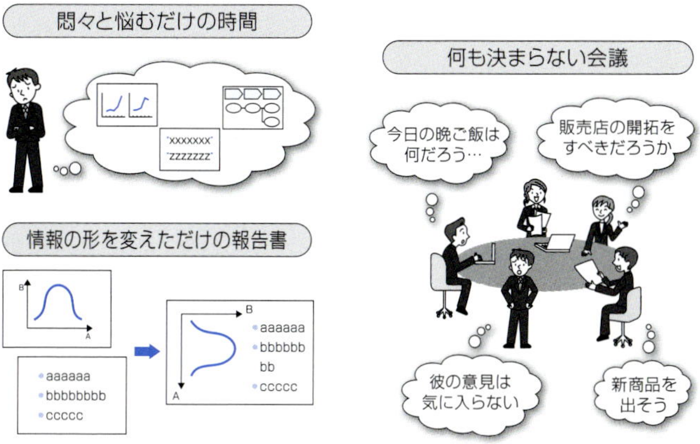

悶々と悩むだけの時間
"XXXXXXX"
"ZZZZZZZ"
情報の形を変えただけの報告書
B
A
aaaaaa
bbbbbbbb
ccccc
B
aaaaaa
bbbbbb
bb
ccccc
A
何も決まらない会議
今日の晩ご飯は何だろう…
販売店の開拓をすべきだろうか
彼の意見は気に入らない
新商品を出そう

入手した情報から何らかの結論を出さなければ意味がない

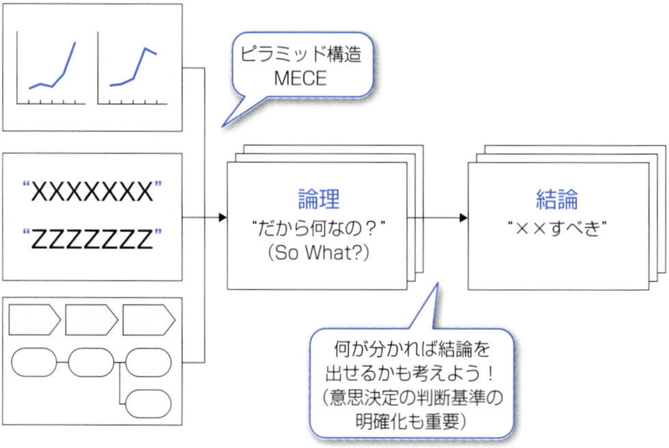

ピラミッド構造
MECE
"XXXXXXX"
"ZZZZZZZ"
論理
"だから何なの？"
(So What?)
結論
"××すべき"
何が分かれば結論を出せるかも考えよう！
(意思決定の判断基準の明確化も重要)

Coffee Break

視点を広げるラテラル・シンキングとは

ロジカル・シンキングの他に、ラテラル・シンキングと呼ばれる発想法があります。ロジカル・シンキングが「正しく考える」ための方法だとすると、ラテラル・シンキングは「正しく発想する」ための方法だといえるでしょう。ロジカル・シンキングでは、ものごとを深く掘り下げる、「垂直思考」をおこなうのですが、ラテラル・シンキングでは、横へ、横へと発想を広げる「水平思考」を試みていきます。たとえば、「13個のミカンを３人で分けるには？」という問いに対して、最後の１つを３等分して４＋1/3ずつ分けるという答えではなく、「ジュースにして分ける」、「最後の１個は埋めて、木が育つのを待ち、実ったミカンを分ける」といった「ずるい答え」を見つけようとする思考法です。

コトラーは、発想を広げるために、「代用する」「逆転する」「結合する」「強調する」「除去する」「並び替える」の６つの着眼点が大事だと言っています。ヒット商品は、ラテラル・シンキングから生まれるというのが彼の主張です。以下の事例はまさにその典型例と言えるでしょう。

- 代用する：携帯電話を財布として代用⇒おサイフケータイ
- 逆転する：振ってはダメな炭酸飲料を振って飲むように逆転⇒「ファンタ ふるふるシェイカー」
- 結合する：電話、音楽、PDA の機能を結合⇒ iPhone
- 強調する：自前の買い物袋を強調⇒エコバッグ
- 除去する：ビールからアルコールを除去⇒ノンアルコールビール
- 並び替える：支払いと消費の順番を変え、食べた分だけ料金を支払うオフィスグリコ

第 II 章

ピラミッド構造で論理的に考える

8 物事を分解しながら具体性を高める

ピラミッドで考えるということは、より具体的な項目に物事を分解していくプロセスに他なりません。具体性を増すことにより、物事の構造が見えてくるものなのです。

コンサルティング会社の面接で、「日本で1年に消費されるコーヒーの量はどれくらいか？」「日本のテニス人口は何人程度か？」といったような、何かの数字を推定する問題が出題されることがあります。これは、フェルミ推定と呼ばれているものです。その意図は、応募者の論理の力、つまり、ピラミッド構造を作る力を試すことにあります。

これらの問題に答えを出していくためには、具体的に、「コーヒーの量」「テニスの人口」を分解していくことが大切になります。そうすることによって、答えを導き出すための要素が明らかになり、それらの要素の間の関係、つまり、構造が見えてくるからです。ここで注意すべきは、分解するという作業が、必ずしも、より細かな領域の話になっていくとは限らないことです。たとえば、「コーヒーの消費量」＝「カップ1杯あたりの消費量」×「1年間あたりのカップ数」というふうに分解し、より詳細度・具体性を増すこともできますが、「コーヒーの消費量」＝「1年間の飲料全体の消費量」×「コーヒーの占めるシェア」と、論理の枠を広げていきながら、具体性を増していくこともできるのです。

重要なことは、物事を分解し、具体性を増しつつ、考えを深めていくことにあります。それによって、押さえるべきポイントを見逃すことが少なくなるのです。

ピラミッド構造を自在に操ると、考えが広がり、深まる

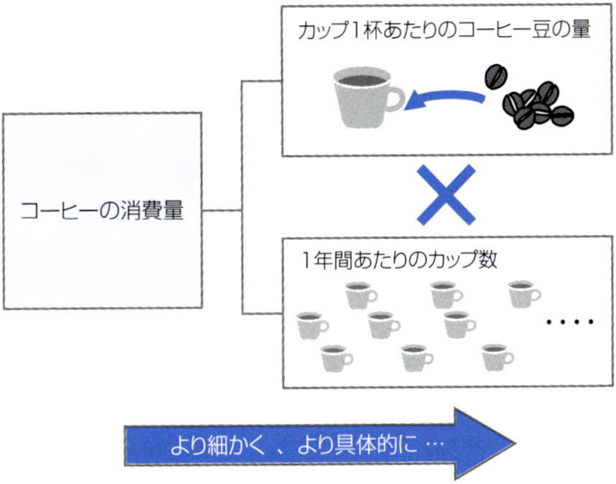

コーヒーの消費量
カップ1杯あたりのコーヒー豆の量
1年間あたりのカップ数
より細かく、より具体的に…

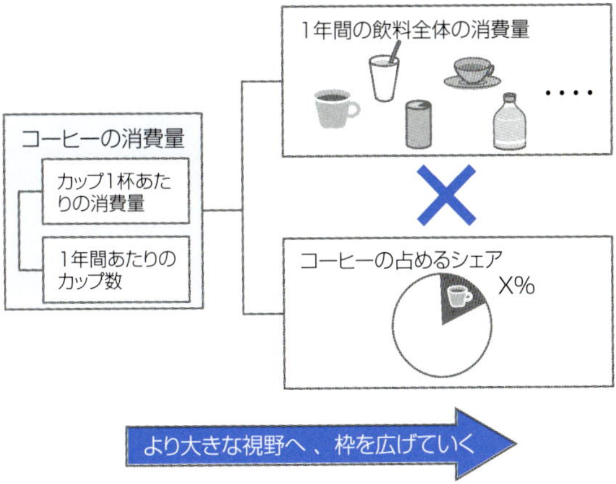

コーヒーの消費量
カップ1杯あたりの消費量
1年間あたりのカップ数
1年間の飲料全体の消費量
コーヒーの占めるシェア
X%
より大きな視野へ、枠を広げていく

9 分解の最初の切り口（ゴールデンカット）が大切

ピラミッド構造に物事を分解する際、最初の切り口は重要です。なぜなら、その切り口によって、その後の分解作業の有効性が左右されるからです。経営学のフレームワークは、最初の切り口のヒントを与えてくれます。

最初の切り口は、何を重要と考え、問題をどう捉えていくか、を意味しています。つまり、これから深めていく思考の方向性を決めてしまう大切な第一歩です。それゆえ、ここではしっかりと頭を使うべきなのです。

具体的には、様々な切り口を考えてみることが効果的です。たとえば、「売上の減少」という問題を考えた場合、顧客の数が減っているのか、顧客一人あたりの売上高が減っているのか、それとも、製品の単価が下がっているのか、様々な問題へのアプローチ方法が考えられます。あるいは、まったく異なる切り口で、東京での売上が下がっているのか、それとも地方の売上が下がっているのか、というふうに、地域ごとに考えてみることが有効かもしれません。

残念ながら、この切り口が一番良い、という一般的な答えはありません。個々の状況によって答えは変わります。大切なことは、実際に起こっている事実をしっかりと捉え、その事実の背景にある構造（メカニズム）を理解するためには何が最初の切り口として最も適切かを考え抜く姿勢です。

ビジネス上の問題で最初の切り口を考える際には、３Ｃや４Ｐといった経営のフレームワークや、バリューチェーン別、地域別、部門別、顧客別といった切り口が役に立つことは多いものです。それゆえ経営学は有効なのです。

ゴールデンカットは慎重に考え抜こう

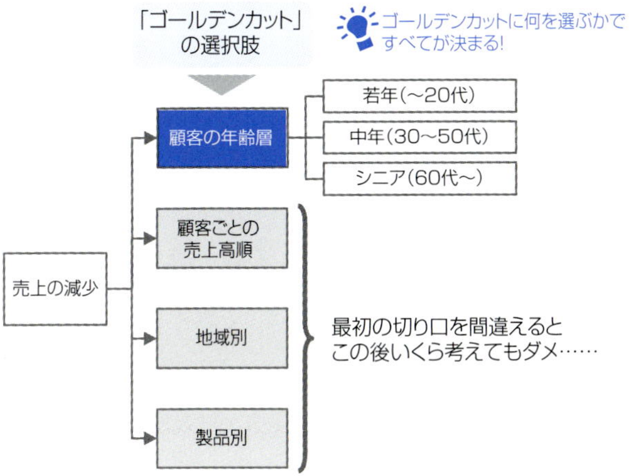
「ゴールデンカット」の選択肢
ゴールデンカットに何を選ぶかですべてが決まる!
売上の減少
顧客の年齢層
若年(〜20代)
中年(30〜50代)
シニア(60代〜)
顧客ごとの売上高順
地域別
製品別
最初の切り口を間違えるとこの後いくら考えてもダメ……

ゴールデンカットのヒントになる経営学のフレームワーク

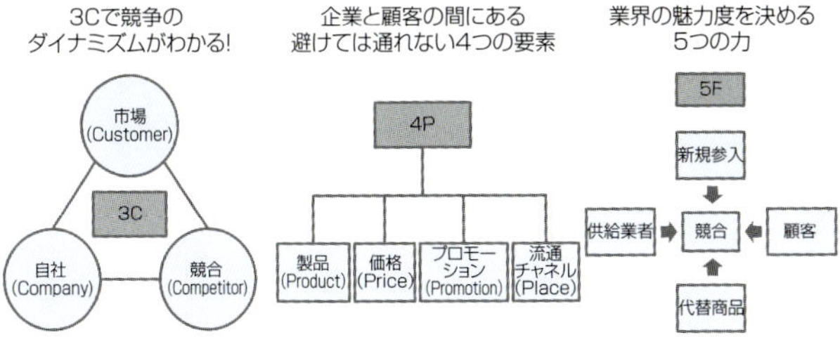
3Cで競争のダイナミズムがわかる!
市場(Customer)
3C
自社(Company)
競合(Competitor)
企業と顧客の間にある避けては通れない4つの要素
4P
製品(Product)
価格(Price)
プロモーション(Promotion)
流通チャネル(Place)
業界の魅力度を決める5つの力
5F
新規参入
供給業者
競合
顧客
代替商品

10 同じレベルのキーワードを並べよう

ピラミッド構造を作るとき、隣り合う項目は同じような抽象度・重要度にそろえようとする姿勢が大切です。そうすることで、重要な要素を見落としてしまう可能性が抑えられ、項目間の議論に意味が生まれてくるからです。

物事をピラミッド構造に分解していくときに、闇雲に分解していってはいけません。分解する際には、同じようなレベル感の、意味のある固まりに分解していくことを意識すべきです。隣り合う項目の抽象度・重要度に偏りがある場合、重要な何かを見落としてしまう可能性が生まれてしまいます。

たとえば、ある会社の売上について分析をおこなう場合、定番商品・重点戦略商品・新商品というように、同じような抽象度・重要度の項目に分けていくことには意味があります。これらの商品群の間には明らかな違いがあり、それぞれについて考えることに価値があるからです。しかし売上を、ただ単に個々の商品の販売額の大きさだけで分けてしまうのは、あまりよくありません。もし、期待の新商品の販売額が全体売上の１％に満たなかったら、その新商品に光が当たることがなくなってしまうからです。本来であれば、その新商品も定番商品と同じレベルで議論すべきかもしれません。

あまりに単純な例ですが、日本経済を、東京圏とそれ以外に分けて議論することには意味があっても、四国・中国地方とそれ以外の地域に分けて議論することには、あまり意味がないかもしれません。なぜなら、四国・中国とそれ以外の地域の間に、比較に値する重要なポイントがなさそうだからです。

項目のレベルは意識的にそろえよう！

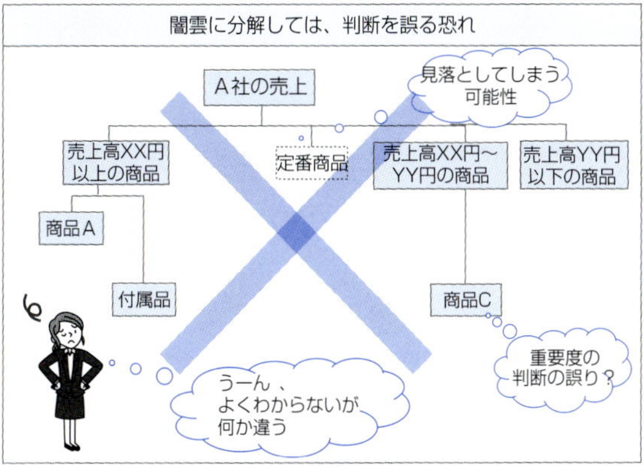
闇雲に分解しては、判断を誤る恐れ
A社の売上
見落としてしまう可能性
売上高XX円以上の商品
定番商品
売上高XX円〜YY円の商品
売上高YY円以下の商品
商品A
付属品
商品C
重要度の判断の誤り？
うーん、よくわからないが何か違う

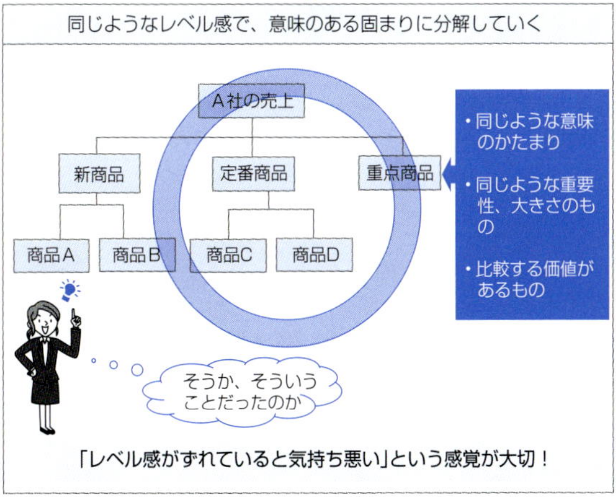
同じようなレベル感で、意味のある固まりに分解していく
A社の売上
新商品
定番商品
重点商品
商品A
商品B
商品C
商品D
・同じような意味のかたまり
・同じような重要性、大きさのもの
・比較する価値があるもの
そうか、そういうことだったのか
「レベル感がずれていると気持ち悪い」という感覚が大切！

11 1つの箱に入れる項目は明確に定義する

ピラミッド構造を構成する1つの箱には、1つの明確な項目が入るべきです。複数の項目、あるいは明確に定義できていない項目が1つの箱に入っている状況は、ロジカルに考えられていない証拠になります。

たとえば、ある企業の「売上」を分解する際に、「数量」×「単価」と分けることがよくあります。しかし、この分解は非常に曖昧で、タイトなロジックとは言えません。「数量」が、「製品の購入数量」なのか、「購入回数」なのか、あるいは、「これまでの累積の購入数量」なのか、様々な定義が考えられるからです。当然ながら、「数量」の定義の仕方によって、「単価」の定義も、「製品1個あたりの平均単価」、「購入1回あたりの平均売上金額」と変わってきます。

もし、ここで言う「単価」が「購入1回あたりの平均売上金額」であった場合、この項目は、「購入1回あたりの平均製品数」×「製品1個あたりの平均単価」と、さらに分解することができます。この例では、ピラミッド構造を2段階にすることもできるし、最初から、「売上」を3つの項目の掛け算にすることも可能です。

大切なことは、 ピラミッド構造を作る際に、それぞれの箱の意味を明確にしようとする姿勢です。それによって、ロジックはどんどんタイトで、正確なものになっていきます。

また、このように箱の中が明確に定義できると、「製品1個あたりの平均単価」は、「本体価格分」＋「オプション価格分」といったように、次の分解の手掛かりが見えてくることにもなります。

項目の定義を明らかにすると、次の分解の切り口が見えてくる

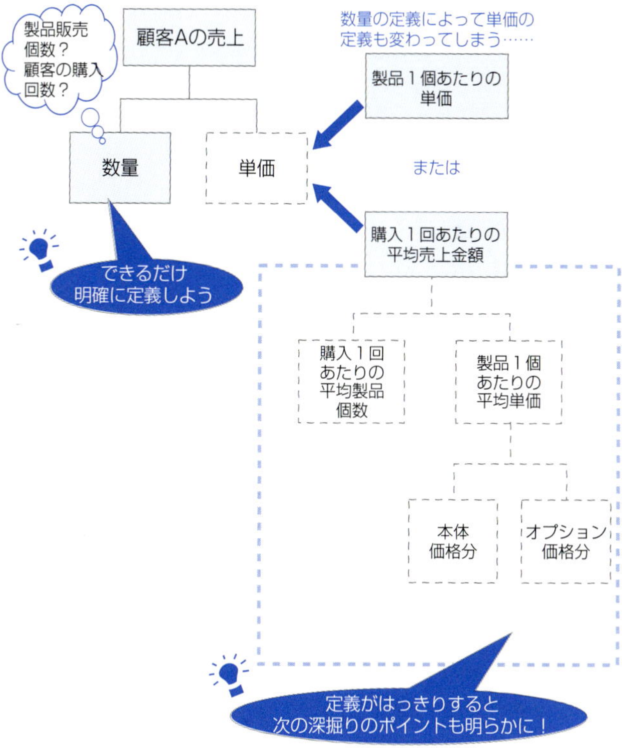
製品販売個数？
顧客の購入回数？
顧客Aの売上
数量の定義によって単価の定義も変わってしまう……
製品1個あたりの単価
数量
単価
または
購入1回あたりの平均売上金額
できるだけ明確に定義しよう
購入1回あたりの平均製品個数
製品1個あたりの平均単価
本体価格分
オプション価格分
定義がはっきりすると次の深掘りのポイントも明らかに！

12 展開しない「風鈴」はダメ

抽象的な事柄から具体性を高めていくピラミッド構造では、下に行くと、必ず複数の構成要素に分かれます。時折、上下の関係が１対１になる「風鈴」のような状態になることがありますが、これは論理的に正しくありません。

ピラミッド構造においては、下に行けば、必ず複数の構成要素に分かれるため、上下の関係が１対１になることはありません。ちょうど１対１の関係が風鈴の形に似ているので、それは「風鈴」と呼ばれています。「風鈴」を見かけたら、因数分解したときに論理のモレが起こっているか、単なる言い換えにとどまっている、と思ったほうがよいでしょう。

たとえば、「顧客の純増数」を考えてみましょう。これを、「競合からの顧客獲得数」と１対１の関係だと早とちりして、「風鈴」を作ってはいけません。この「風鈴」は、「新規顧客の創造（母集団の増加）」「既存顧客の流出」といった論理のヌケモレに気づくヒントになるはずです。「風鈴」が、因数分解ではなく、単なる言い換えにとどまっていることもあります。たとえば、「顧客の純増数」を、「取引銀行口座の開設数」と、単に言い換えてもロジックは深まりません。

ふだん報告書を作成するとき、箇条書きの項目を補足するサブの項目が１つしかない場合はありませんか？　それは、「風鈴」の典型例です。きっと、論理のヌケモレがあるか、単なる言い換えにとどまっているはずです。１対１になっていることに気づいたら、その時点で立ち止まり、論理のチェックをすべきです。そこには論理の弱点が隠れている可能性が高いのです。

「風鈴」を見かけたら要注意

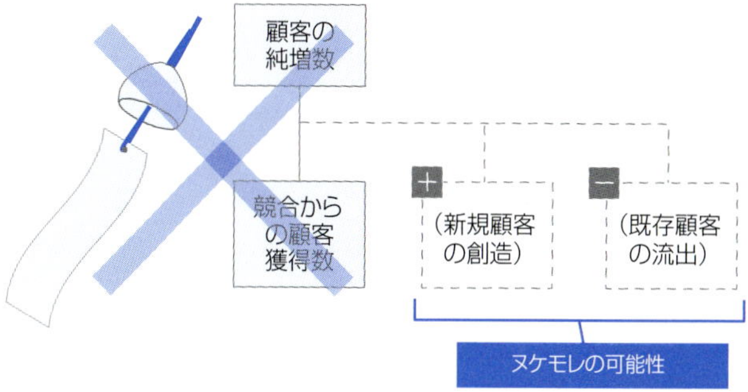

報告書でもよく見かける「風鈴」

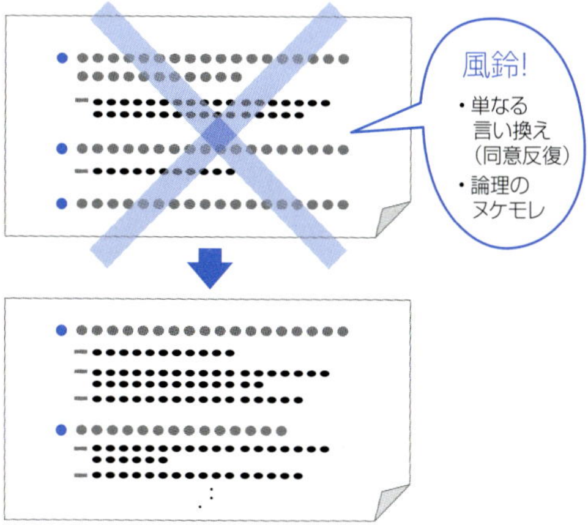

13 ピラミッド構造は四則演算の集まり

物事をピラミッド構造に分解するということは、算数でいう「因数分解をする」ということにあたります。つまりピラミッド構造は、四則演算で形作られるのです。

ピラミッド構造では、上の項目をサブ項目へと因数分解していくため、四則演算（＋、－、×、÷）で表現することができます。たとえば、「企業の利益」を分解する場合、「事業Ａ＋事業Ｂ＋事業Ｃ」のように、各事業部ごとの利益の「足し算」として表現することもできます。さらに、「事業Ａ（利益)」を分解するときは、「売上－費用」の「引き算」へと分解でき、また、「売上」は、「顧客数×顧客１人あたり売上」の「掛け算」という形で表現できます。このように、正しくピラミッド構造が作られている場合、そのピラミッドは、しっかりとした四則演算のうえに成り立っているのです。

正しいピラミッドは、数学的に正しいので、それぞれの項目の単位についても整合性が取れています。先ほどの例においては、「利益」「売上」「費用」ともに、単位は（円）でそろっています。さらにその「売上」の構成要素である、「顧客数」は（人)、「顧客あたり単価」は（円／人）となるため、掛け算をすると単位は（円）になり、整合性が取れることになります。

人にはそれぞれ思考のクセがあります。足し算に偏る人もいれば、つい掛け算ばかりで分解してしまう人など、様々です。四則演算を意識することで、そのクセを直し、色々な切り口で考えることができるようになります。

ピラミッド構造が正しくできていれば、四則演算が成り立っている

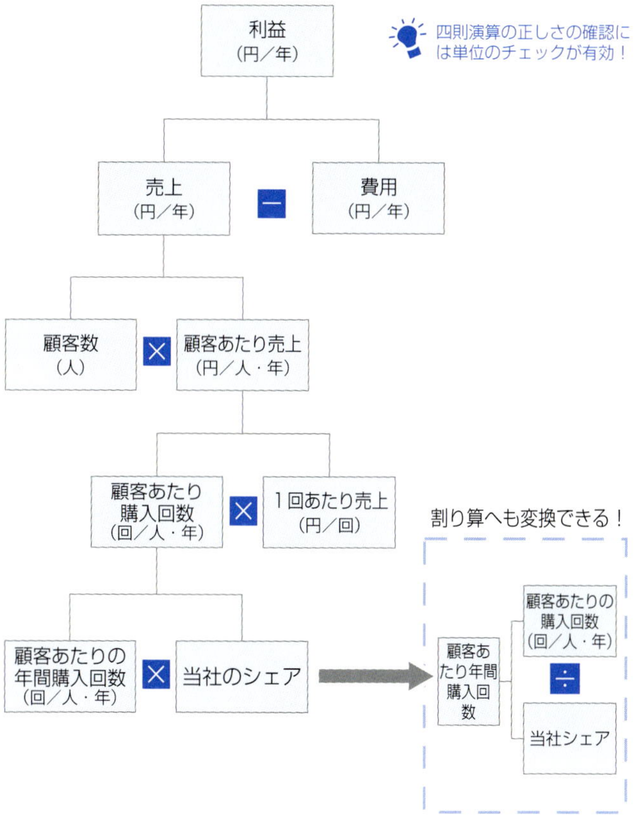
利益
(円/年)
四則演算の正しさの確認には単位のチェックが有効!
売上
(円/年)
−
費用
(円/年)
顧客数
(人)
×
顧客あたり売上
(円/人・年)
顧客あたり
購入回数
(回/人・年)
×
1回あたり売上
(円/回)
顧客あたりの
年間購入回数
(回/人・年)
×
当社のシェア
割り算へも変換できる!
顧客あたり年間購入回数
顧客あたりの
購入回数
(回/人・年)
÷
当社シェア

14 三段論法で論理を作り上げる

三段論法とは、ファクト（事実）と論理をつないで、結論を導いていく方法です。それは、「AならばB」「BならばC」、だから、「AならばC」である、と議論を進めるやり方で、演繹法と呼ばれる強力なロジックのパターンです。

三段論法は非常に理にかなった推論の方法（演繹法）です。たとえば、「ソクラテスは人である」という事実（小前提）に、「人は死を迎えるものである」という大前提とを組み合わせることによって、「ソクラテスは、いつか死んでしまう」という結論をロジカルに導くことがそれにあたります。これは、「ソクラテスは人である」という事実が、「人は死を迎えるものである」という集合に包含されているため、必ず数学的に正しい論理構成になるのです。この場合、A：ソクラテス、B：人、C：死であり、AはBに含まれ、BはCに含まれることになります。

三段論法をうまく活用するためには、前提や事実がどのような関係性を持っているのか、本当に正しいのかをしっかりと確認することが必要になります。なぜなら、三段論法は、論理構成がシンプルなので強い説得力で結論を主張できる一方、前提が崩れてしまうと一気に論理破綻を起こしてしまうからです。たとえば、どこかの国で、「不老不死の薬が開発された」といったことがあると、そもそもの論理の前提が崩れ、先ほどの三段論法は破綻してしまいます。

前提を、当たり前のこととして扱ってしまうのは要注意です。三段論法をピラミッド構造に適用する際には、必ず前提の「確からしさ」をチェックしましょう。

三段論法では、ファクト（事実）と論理から結論を導く

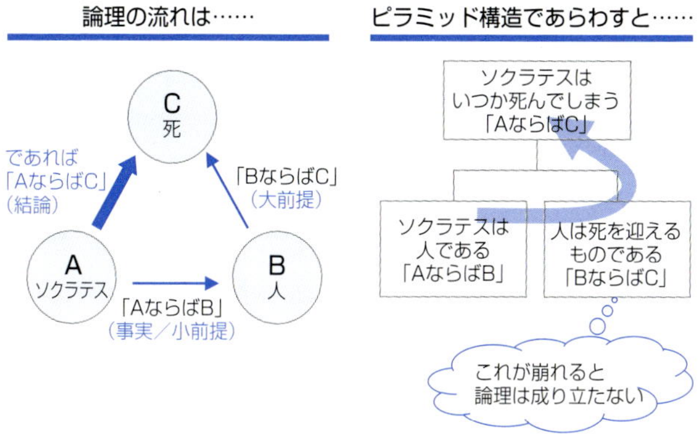
論理の流れは……
C
死
であれば
「AならばC」
（結論）
「BならばC」
（大前提）
A
ソクラテス
B
人
「AならばB」
（事実／小前提）
ピラミッド構造であらわすと……
ソクラテスは
いつか死んでしまう
「AならばC」
ソクラテスは
人である
「AならばB」
人は死を迎える
ものである
「BならばC」
これが崩れると
論理は成り立たない

演繹法は数学的に正しい論理構成

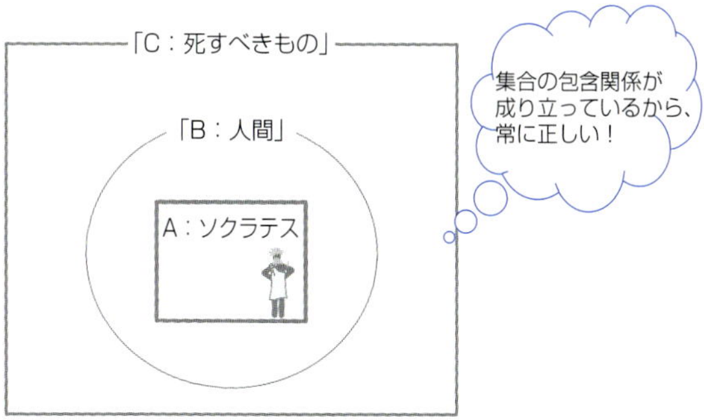
「C：死すべきもの」
「B：人間」
A：ソクラテス
集合の包含関係が
成り立っているから、
常に正しい！

15 暗黙の前提による議論のズレには要注意

そもそもの論理の土台が相手と共有されていなければ、三段論法は大きな落とし穴を生み出してしまいます。この土台が曖昧だったり、相手の土台と違っていると、聞き手と議論がかみ合うことはありません。

三段論法を用いて議論する場合、論理の土台を議論する相手と共有しておかなければ、せっかく積み上げた論理が相手に通じない状況を生み出してしまいます。無意識のうちに、自分勝手な自分だけの論理の土台を作っていないか、細心の注意を払うことが必要になります。

たとえば、「円高になると景気が悪くなる」という話は、なんとなく納得感があるかもしれません。しかし、商品の多くを海外から輸入して販売する小売業、あるいは経済に詳しくない人からすると、すぐには理解しにくい話になってしまいます。なぜなら、「円高になると景気が悪くなる」という論理の土台には、製品を海外に売って儲けるメーカーが、日本経済を支えているという、「暗黙の前提」が置かれているからです。たしかに、そういったメーカーにとっては、円高によって、「海外への売上によって受け取るお金が少なくなる」→「コスト削減等の対策が必要」→「景気悪化」と考えるのは自然でしょう。しかし、小売業にとっては、「海外からの仕入れ値が安くなる」→「利益の拡大」→「景気回復」という論理も成り立つのです。論理の土台が異なれば、結論が異なってくることはよくあることです。論理の土台が何で、それが共有されているか否かを、冷静に確認することが議論の出発点になります。

三段論法では「暗黙の前提」に注意

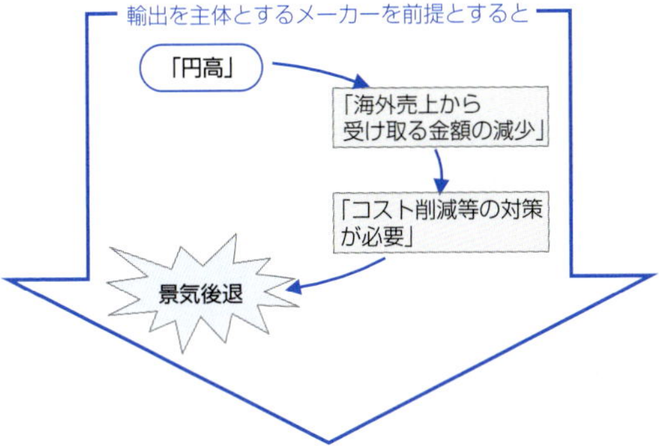

輸出を主体とするメーカーを前提とすると
「円高」
「海外売上から受け取る金額の減少」
「コスト削減等の対策が必要」
景気後退

同じ円高も「前提」によって180度異なる結論に至る

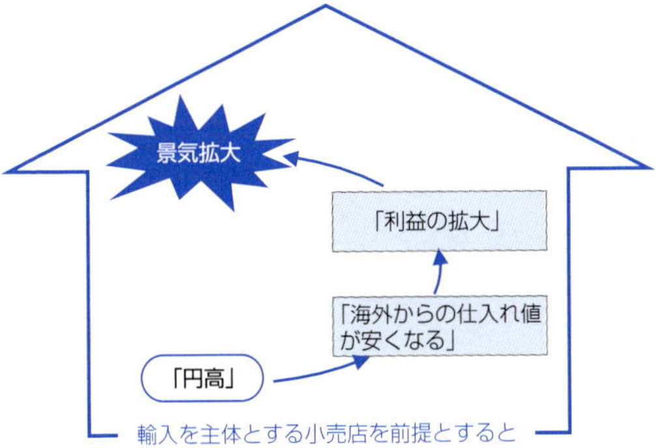

景気拡大
「利益の拡大」
「海外からの仕入れ値が安くなる」
「円高」
輸入を主体とする小売店を前提とすると

16 論理のブラックボックス化を避ける

よく論理が「ブラックボックス化」しているケースを見かけることがあります。論理の「ブラックボックス化」は、我々を間違った結論に導いてしまいます。前提と結論の「間」の論理のタイトさ（飛びがないこと）が重要です。

なんとなくロジカルに聞こえてしまうものを組み合わせていくと、とんでもない結論に至ってしまいます。たとえば、「風が吹けば桶屋が儲かる」という屁理屈は有名ですが、これも、論理の「ブラックボックス化」による危うさを示す1つの例です。「風が吹けば」→「桶屋が儲かる」の間の論理が見えなくなっていて、かつ、その論理がとても「ゆるい」ことに根本的な原因があります。

この話の論理は、「風が吹けば」→「砂が舞って、それが目に入って失明する」→「昔、目の不自由な人には三味線弾きが多かった」→「三味線が売れる」→「三味線の材料である猫の皮がたくさん必要」→「猫が減る」→「猫が減るため、ねずみが増える」→「増えたねずみが桶をかじる」→「桶が売れる」→「桶屋が儲かる」、というものです。「風が吹けば」と「桶屋が儲かる」の間の論理が「ブラックボックス化」してしまっていて、そのブラックボックスの中で、論理がねじれていき、とんでもない結論に至っているのです。

論理のつながりが十分に検証されないまま、論理のブラックボックス化が起きると、トンデモ理論が生まれます。重要なことは、「正しいかも」で納得してしまわず、論理の「ブラックボックス化」を避け、論理のつながりが本当に正しいかどうかを、しっかりチェックすることです。

「論理のブラックボックス」の中での論理のねじれに要注意

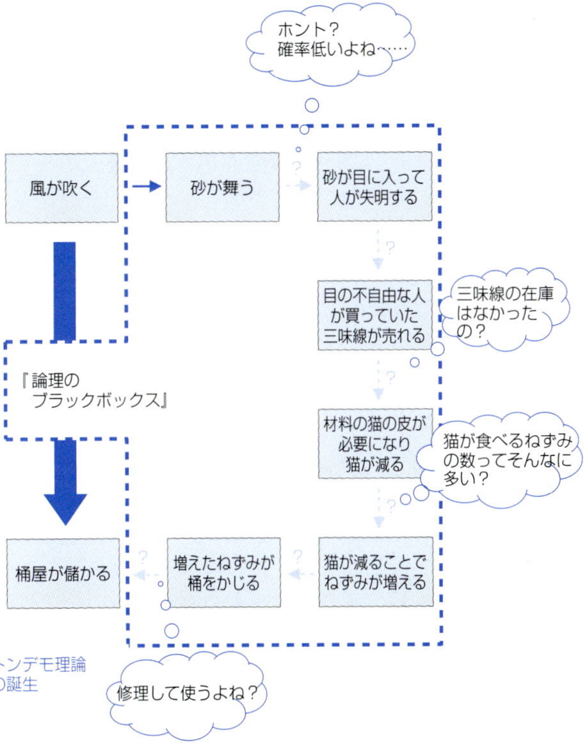
ホント？
確率低いよね……
風が吹く
砂が舞う
砂が目に入って人が失明する
目の不自由な人が買っていた三味線が売れる
三味線の在庫はなかったの？
『論理のブラックボックス』
材料の猫の皮が必要になり猫が減る
猫が食べるねずみの数ってそんなに多い？
桶屋が儲かる
増えたねずみが桶をかじる
猫が減ることでねずみが増える
修理して使うよね？

トンデモ理論の誕生

17 「逆」「裏」「対偶」の法則で論理をチェック

「対偶」は真ですが、「逆」「裏」は真ではありません。これら３つの法則を使ってロジックをチェックすることで、論理のつながりが、あらぬ方向に向かうのを防ぐことができます。

「AならばB」というロジックがあるとしましょう。「対偶」とは、「BでないならばＡでない」、「逆」とは、「Bならば、A」、「裏」とは、「Aでないならば、Bでない」というものです。「対偶」の法則以外は必ずしも正しいとは言えません。「逆」「裏」が成り立つと思えるような場合は、今一度立ち止まって、ロジックを点検すべきでしょう。

たとえば、「商品Aに競争優位性があれば、売上が伸びる」というロジックが仮に正しいとすると、「対偶」の、「商品Aの売上が伸びないなら、商品Aの競争優位性はない」は必ず正しくなります。しかし、「逆」の、「売上が伸びているから商品Aの競争優位性がある」というのは、必ずしも真ではありません。なぜなら、商品Aの競争優位性以外にも売上が伸びる理由が存在し得るからです。同様に、「裏」は、「商品Aに競争優位性がなければ、売上が伸びない」であり、これも他の理由で売上が伸びることがあることから、真でないことが理解できるでしょう。

「逆」や「裏」の論理は何なのか？　そのように考えてみることで、たとえば、販促プロモーションや営業力強化など、売上が伸びる別の理由が見えてくるかもしれません。「逆」「裏」「対偶」の法則は、論理構成のチェックに役立つのです。

「逆」「裏」「対偶」を考えると、ロジックの点検ができる

ロジック（「正」）
(A ならば B)

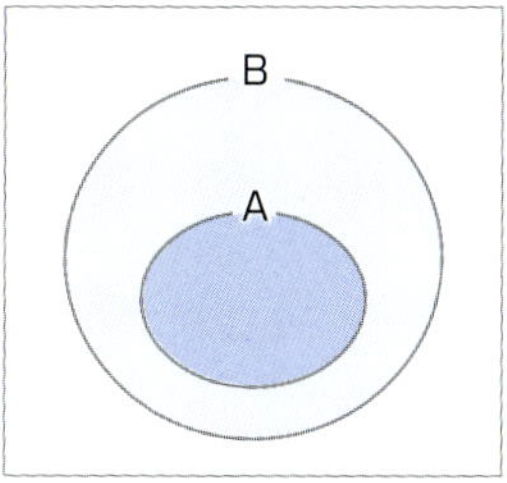

A はB に必ず含まれるため成立

「逆」
(B ならば A)

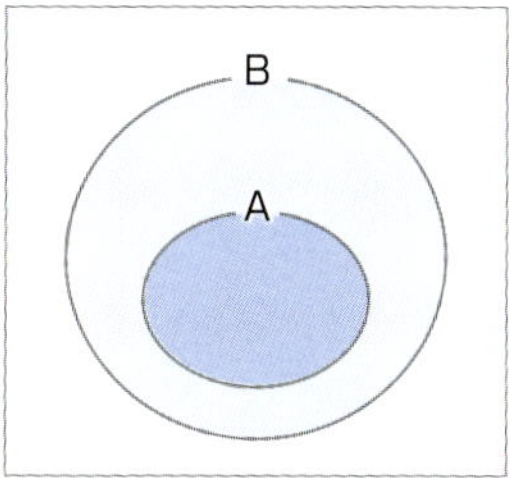

B だけど A ではない の部分があり必ずしも成立しない

「裏」
(A でないなら B でない)

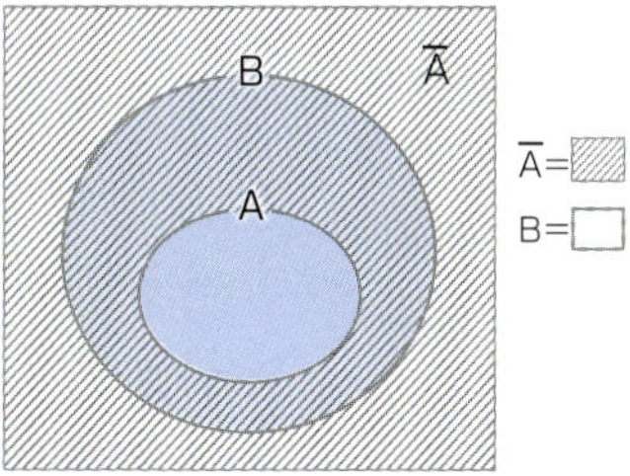

$\overline{A}$(A でない) に B である が含まれるので、必ずしも成立しない

「対偶」
(B でないなら A でない)

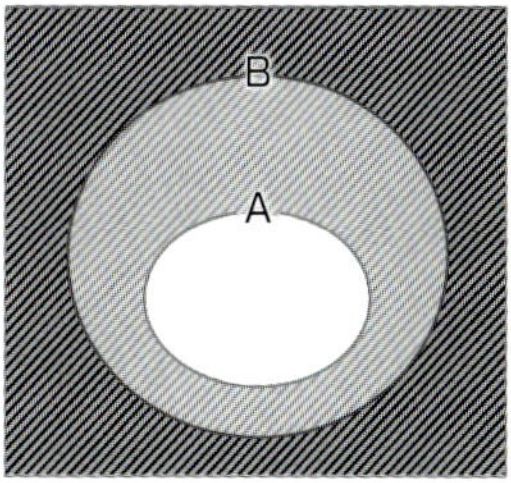

$\overline{B}$（B でない） は $\overline{A}$（A でない） に必ず含まれるため成立

18 帰納法は、現地現物に基づく強力な思考法

帰納法は、複数の事実（ファクト）からロジックを組み上げていく方法で、現地現物に基づく強力な思考法です。ファクトベースの個別具体的な議論ができるため、そこから導ける結論は納得性の高いものになります。

帰納法は、現実に即したビビッド（鮮やか）な具体例を積み上げる方法で、空理空論となることを避けることができます。それゆえ、ビジネスの現場では重宝されるロジックです。

たとえば、「アマゾンは、社是に顧客第一を掲げている」「アマゾンの創業者のジェフベゾスは、空いた時間にカスタマーサービスでオペレーターとして電話を取り、顧客の声に触れるようにしている」「アマゾンにおいて顧客の声は、社長を含めた全役員に共有され、24時間以内での対応を求められている」といったファクトから、「アマゾンは顧客を大事にする会社である」という結論を導くのが、帰納法です。多面的に様々なファクトを重ねるため、「アマゾンは顧客を大事にする会社である」という結論は説得力を持ち、納得感の高い論理となるのです。

しかし、ファクトからだけでは言えないことまでを結論に含めてしまうと、説得力は失われてしまいます。たとえば、先に述べたアマゾンに関する記述から、「アマゾンは顧客を世界で一番大事にする会社である」と言い切ってしまうのには飛躍があります。それを結論にするためには、他社との比較が必要になるからです。帰納法を使うときには、事実からだけでは言えない、無理な結論を導いていないかを、しっかりと確認しておきましょう。

帰納法の考え方：複数のファクトからロジックを組み上げる思考法

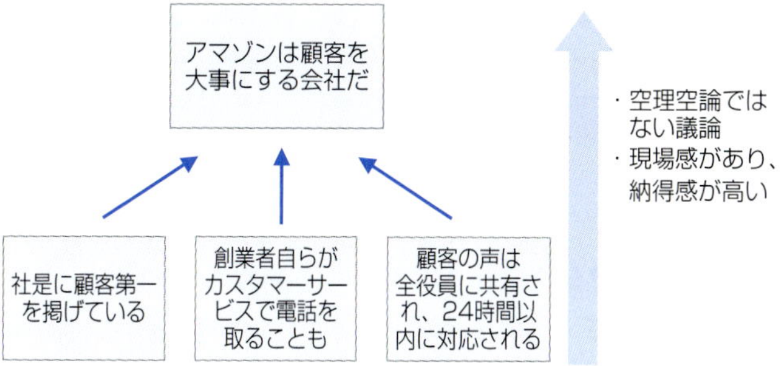
アマゾンは顧客を
大事にする会社だ
・空理空論ではない議論
・現場感があり、納得感が高い
社是に顧客第一を掲げている
創業者自らがカスタマーサービスで電話を取ることも
顧客の声は全役員に共有され、24時間以内に対応される

一方で、ファクトから言えないことを結論としてしまうと説得力を失う

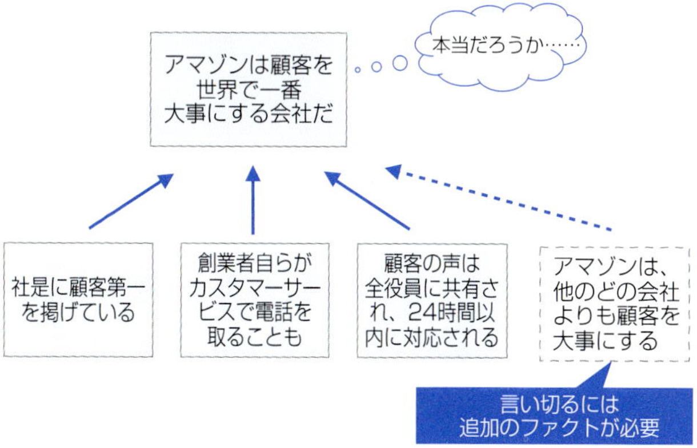
アマゾンは顧客を
世界で一番
大事にする会社だ
本当だろうか……
社是に顧客第一を掲げている
創業者自らがカスタマーサービスで電話を取ることも
顧客の声は全役員に共有され、24時間以内に対応される
アマゾンは、他のどの会社よりも顧客を大事にする
言い切るには
追加のファクトが必要

19 反例には弱い帰納法

帰納法は、複数の事実からロジックを組み上げているため、説得力が増す一方で、反例を挙げられた瞬間、そのロジックが破綻する恐れのある、脆い論理構成でもあります。

帰納法は、ビビッドな具体例を積み上げていく思考法なので、その性格上、ヌケモレが起こってしまうリスクをはらんでいます。もし、帰納法から導かれる結論にそぐわない反例が1つでも見つかると、そのロジックは破綻してしまいます。たとえば、「平均勤務時間が長い会社は、利益率が高い会社である」という結論を、「平均勤務時間の長いＡ社は利益率が高い」「平均勤務時間の長いＢ社は利益率が高い」、「平均勤務時間の長いＣ社は利益率が高い」という事実から導いたとしましょう。この場合、３社以外の平均勤務時間の長い会社から、利益率の低い会社が見つかると、たちまちその結論の説得力は損なわれてしまいます。さらには、「平均勤務時間の長い会社は利益率が低い」といった逆の結論が成り立つかもしれない、という疑念も湧いてくることになるでしょう。あるいは、平均勤務時間は、まったく利益率とは関係ないのかもしれません。こうなるともはや論理とは呼べなくなってしまいます。

もちろん、まったく例外のない法則はないかもしれません。しかしながら、帰納法という論理を活用する際には、「ＡならばＢである」という結論を導くためには、「Ａなのに、Ｂではない」は成り立ちそうにないということを、しっかりと見極めておく必要があります。

帰納法は反例を挙げられるとロジックが崩れてしまう……

結論　「平均勤務時間が長い会社は利益率が高い会社である」

反例がなければ説得力は高いが……

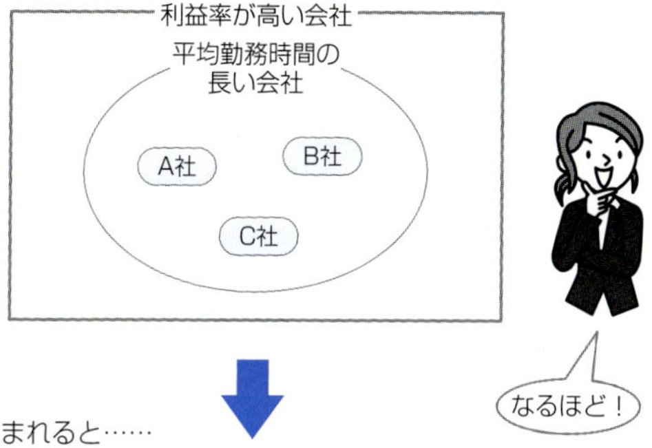
利益率が高い会社
平均勤務時間の長い会社
A社
B社
C社
なるほど！

反例が生まれると……

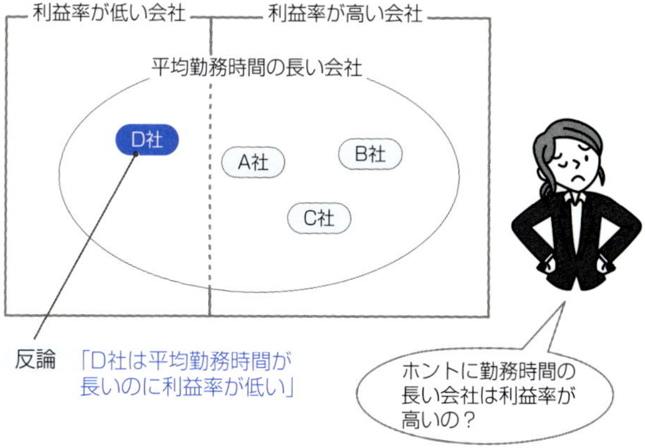
利益率が低い会社
利益率が高い会社
平均勤務時間の長い会社
D社
A社
B社
C社
ホントに勤務時間の長い会社は利益率が高いの？

反論　「D社は平均勤務時間が長いのに利益率が低い」

20 論理の外にも考えを巡らせる

議論の対象の外にも目を配り、視野を広げて多面的に考えることによって、帰納法をより正しく使いこなせるようになります。

帰納法が反例に弱いことは前の節で触れましたが、反例の有無だけでなく、正しい結論に至るためには、視野を広げて考えてみることも有効です。特に、その論理の対象の外も見て、自分の出した結論が揺るがないかどうかを確認しておくことは必要条件といえます。

前項の、「平均勤務時間が長い会社は利益率が高い」という結論を導き出す場合、勤務時間の長い会社で反例（利益率が低い）がないことを確認しておく必要性については、既に述べた通りです。一方で、論理の対象の外にある「平均勤務時間が短い会社」についても考えてみることは、同じように大切です。仮に、「平均勤務時間が短い会社に、利益率の高い会社が存在する」という事実までが見つかってしまったら、平均勤務時間の長さは利益率とは無関係である、ということが決定付けられてしまうことになります。

主張したい結論の対象となることだけを考えるのにとどまり、その対象外のことについても考えを巡らせていなければ不十分です。最初は対象の外のことも大きく捉えて、視野のヌケモレを避けることが重要なのです。よく、「日本を理解するためには、海外に出るのが一番」という主張を耳にします。日本を理解するには、日本の外も理解しなければいけないのでしょう。ちょうど、それに似ているのかもしれません。

「論理の対象外」にも考えを巡らせ、論理を固める

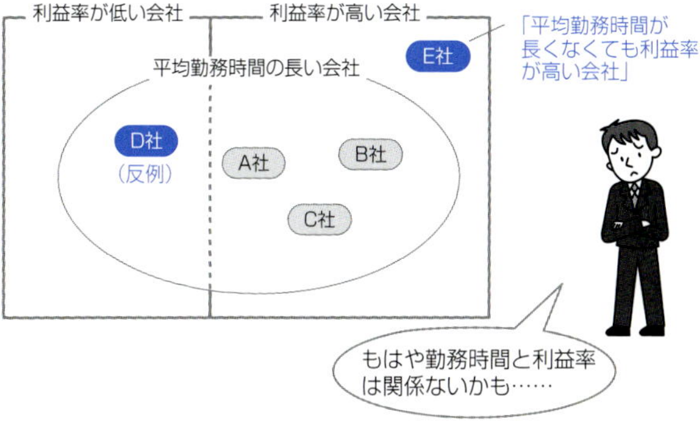

視野を広げることでヌケモレを避ける

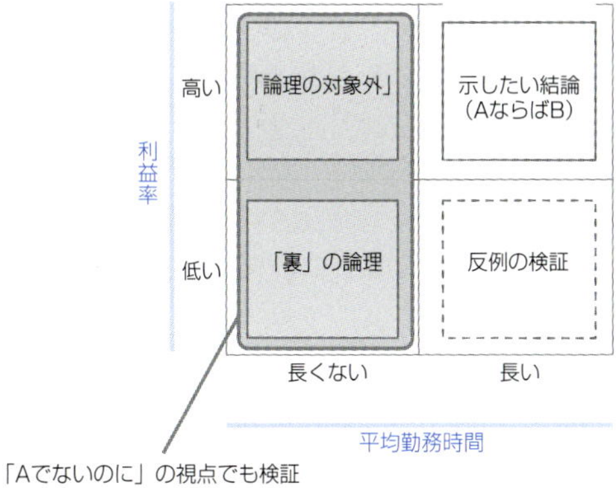

21 サンプリングの偏りに気をつける

帰納法を使いこなすには、取り上げたファクトが属している母集団が特殊なものになっていないか、また、偏りが見られないかも、あわせて確認しておく必要があります。

せっかく事実（ファクト）をベースにロジックを組み上げたとしても、その対象に偏りや疑問がある場合、そのロジックの信憑性は大きく崩れてしまいます。

たとえば、大学生の就職内定率が低いという課題を議論するとき、関東にある大学、もしくは、特定の就職に強い学部を持つ大学だけをサンプルとして抽出し、「大学生の内定率は90％を超え改善傾向にある」との結論を導いても、必ずしも世の中全体のトレンドを捉えたことにはなりません。なぜならサンプルの母集団そのものに問題があるからです。

議論の母集団を正しく設定するためには、すべての大学を例にとる必要はありませんが、特定の強い学部を持たない一般的な大学、もしくは関東以外の地方にある大学もサンプルの中に入れておく必要があります。サンプルは、性質が異なりそうな幅広い範囲の母集団から抽出しておくべきなのです。そうすることで、言いたい仮説を正しく検証できるばかりか、出てくる結論も、「大学生の内定率は、いまだ約６割だが、理工系は比較的内定率が高くなりつつある」といったように、より具体的なものへと進化させることが期待できるようになります。

大切なことは、サンプルとして抽出している集団が、特殊なものになってしまっていないか、常に一歩引いた目線で確認しておくことです。

サンプルの偏りによるバイアスに気をつけよう

結論1　「就職内定率は90%を超え、改善傾向にある」

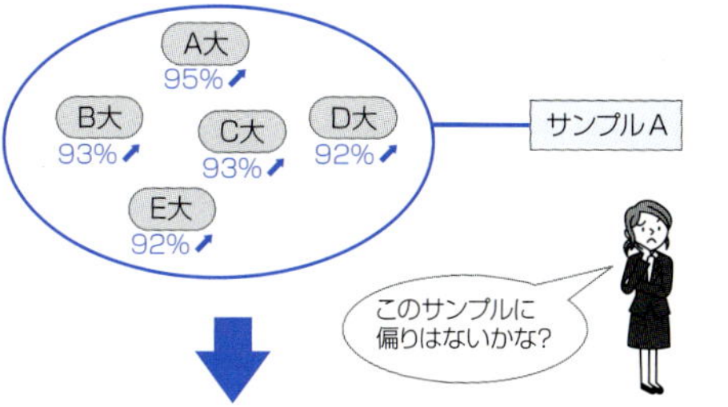
A大
95%
B大
93%
C大
93%
D大
92%
E大
92%
サンプルA
このサンプルに偏りはないかな?

結論2　「大学生の就職内定率はいまだ6割程度だが、理工系は改善傾向にある」

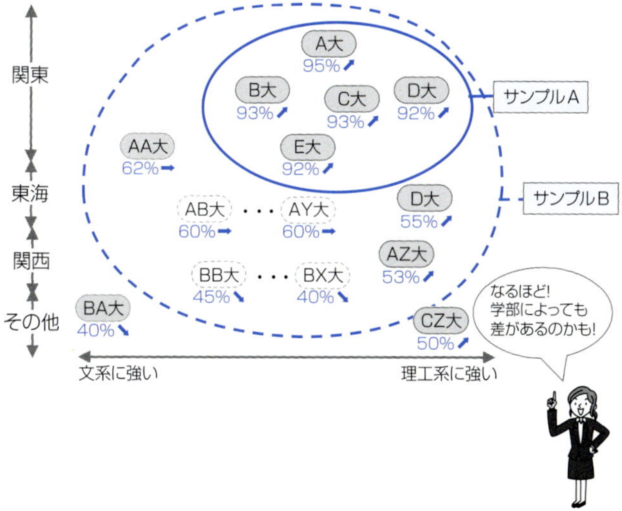
関東
東海
関西
その他
A大
95%
B大
93%
C大
93%
D大
92%
E大
92%
サンプルA
AA大
62%
AB大
60%
AY大
60%
D大
55%
AZ大
53%
BB大
45%
BX大
40%
BA大
40%
CZ大
50%
サンプルB
文系に強い
理工系に強い
なるほど!学部によっても差があるのかも!

Coffee Break

弁証法で新しい答えが見つかるか？

日常生活やビジネスの現場では、多くの「二律背反」が存在しています。これを克服するには、弁証法が威力を発揮します。弁証法とは、古代ギリシャのソクラテスやアリストテレスまでさかのぼる思考や議論の技術です。なじみが深いのは、ドイツの哲学者ヘーゲルの弁証法でしょう。そこでは、テーゼ（正）とアンチテーゼ（反）という物事の対立を統合しようとする試みから、ジンテーゼ（統合した命題）が生まれると考えます（これを「止揚」という）。止揚は、ドイツ語でアウフヘーベン（aufheben）と呼ばれています。

たとえば、「ビジネスの効率を上げるには、ITシステムの導入が必要だ」「しかし、システム投資には多額の資金が必要になってしまう」という課題に、企業はよく直面します。これは、効率と費用が二律背反する問題です。この二律背反を克服するために、最近流行のクラウド・コンピューティング・サービスが生まれました。弁証法的に、投資を抑え、かつ、効率を上げるという答えが見つかったのです。

「給与はたくさんもらいたい、そのためにはたくさん働いて出世しなければならない」「給与はたくさんもらいたいけど、仕事だけの人生は送りたくない」、これも二律背反です。そこから、投資や運用という答えも見えてきたりします（ただし、多くの場合はうまくいかないかもしれません……）。

弁証法は、「正」と「反」の間をギリギリと考え抜くアプローチです。こうすれば良いという手軽な方法論はなかなか見当たりません。その一方で、帰納法や演繹法は、ロジカルにわかりやすい考え方です。まずは、帰納法・演繹法をしっかりと習得することを心がけたほうが得策かもしれません。

第Ⅲ章

モレなくダブリなく考える

22 まずは「ビッグピクチャー」から始めよう

ものごとを考えるときには、その物事に影響を与える範囲すべてを、大きく捉え、考えておくことが大切です。なぜなら、考えている範囲の外側から足元をすくわれることを避けることができるからです。

「まさか、こんなことが起こるとは……」「しまった！　相手がそう来るとは……」という状況は避けたいものです。「想定外」の問題ほど、その対処に苦労することはないからです。考えていなかった分、問題はより深刻になり、場合によっては、時すでに遅しということにもなりかねません。それゆえ、ものごとについて「正しく考え」、正しい結論を出していくためには、MECE（モレなくダブリなく考える）にカバーする範囲を可能な限り広げておくことが得策です。たとえば、日本企業の戦略を考える際には、現在のグローバル化の進展によって海外の影響を受けやすい中においては、もはや、新興国の市場や競争相手をはずして考えることはできないはずです。同様に、日本で起こったこと、たとえばバブルの崩壊や、原発事故が、他の国にも大きな影響を及ぼしてしまう世の中になってしまっているのです。

影響があるということは、論理的につながっているということを意味します。それゆえ、「考えている範囲」と「影響がある範囲」とは極力イコールでなければなりません。そうでなければ、ヌケモレがあるということになってしまいます。MECEな全体像は、「ビッグピクチャー（大きな図）」であることが望ましいのです。先手先手で、広く、深く考えておくことで、問題対応能力は格段に向上していきます。

自分の視野を可能な限り広げよう！

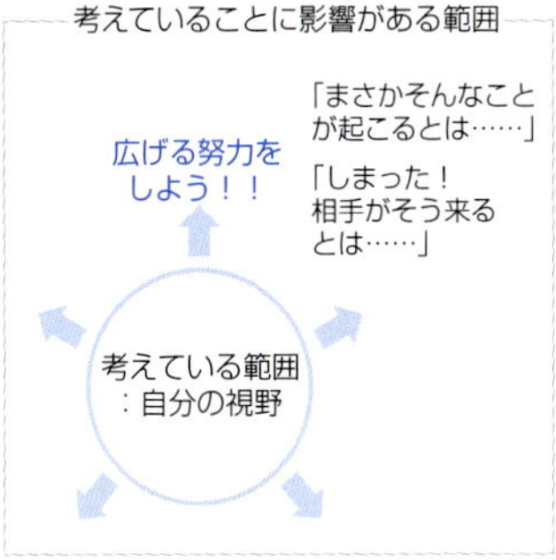
考えていることに影響がある範囲
「まさかそんなことが起こるとは……」
「しまった！相手がそう来るとは……」
広げる努力をしよう！！
考えている範囲：自分の視野

ビジネスはグローバルスケールで考えるべき

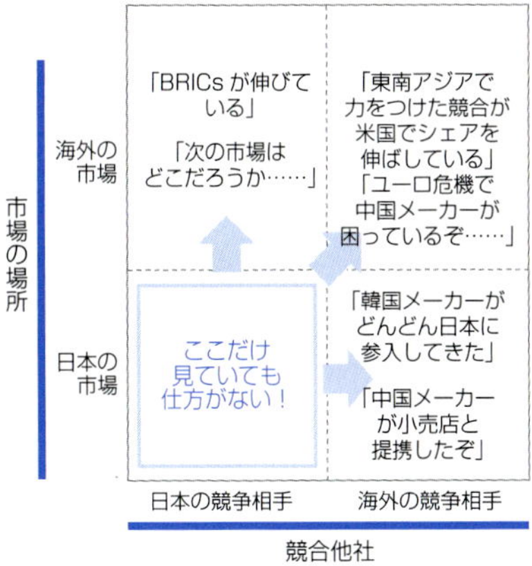
市場の場所
海外の市場
日本の市場
「BRICsが伸びている」
「次の市場はどこだろうか……」
「東南アジアで力をつけた競合が米国でシェアを伸ばしている」
「ユーロ危機で中国メーカーが困っているぞ……」
ここだけ見ていても仕方がない！
「韓国メーカーがどんどん日本に参入してきた」
「中国メーカーが小売店と提携したぞ」
日本の競争相手
海外の競争相手
競合他社

23 考えている範囲によって答えは変わる

考える範囲の大小によっては、答えが変わってしまうことすらあります。物事を小さく捉えると、現象のみを見てしまいがちです。大きく捉えようとすることで、より本質的な答えにたどり着けるようになるのです。

物事を大きく考えようと努力しなければ、自分の考えが、目の前で起こっている現象に引きずられがちになってしまいます。そうすると、どうしても表面的で、近視眼的、そして短絡的な思考になってしまいます。もちろん、そこから出て来る結論は、対症療法的なものになります。

今、スナック菓子の市場が小さくなっていると想定してみましょう。その大きな要因の1つとして、少子高齢化を挙げることができます。あるいは、社会が豊かになったので、スナック菓子よりも高級なお菓子へと需要が移ってしまったのかもしれません。こういったことはすぐに思いつくはずです。では、そんな中、スナック菓子メーカーが日本で売上を増やすためにはどうすればよいかを考えたとしましょう。現象だけにとらわれると、それは難しい、新製品をとにかく数多く出していこう、ということになってしまうかもしれません。

しかし、もっと考える範囲を広げると、昔、スナック菓子を食べていた裕福な中高年層という巨大な潜在市場が見えてくるかもしれません。そうすると、昔のスナック菓子の復刻版を出して高く売ろう、といった180度異なる打ち手も見えてくることになります（実際、復刻版が売れているようです）。考える範囲の違いは、答えの質を左右することにもなりかねないのです。

狭く考えると現象にとらわれる。大きく考えると本質が見えてくる

事例　本当にスナック菓子市場は縮小していて、チャンスはないのだろうか？

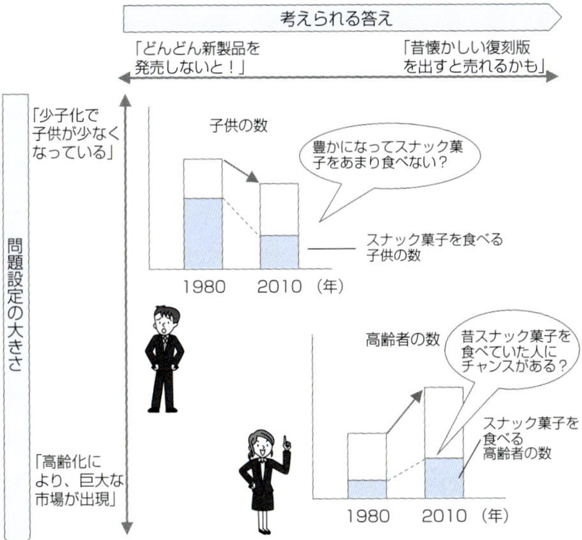

考えられる答え
「どんどん新製品を発売しないと！」
「昔懐かしい復刻版を出すと売れるかも」
問題設定の大きさ
「少子化で子供が少なくなっている」
子供の数
豊かになってスナック菓子をあまり食べない？
スナック菓子を食べる子供の数
1980　2010（年）
高齢者の数
昔スナック菓子を食べていた人にチャンスがある？
スナック菓子を食べる高齢者の数
「高齢化により、巨大な市場が出現」
1980　2010（年）

24 モレなく考えることで的をはずさない

考える要素にヌケモレがある場合は、時として、自分勝手で、的外れな理屈に陥ってしまいます。そうならないためには、「前後・左右・上下」へと「ビッグピクチャー」を広げていくことが有効です。

自分の立場だけから物事を考えると、浅はかな考えにとどまってしまうリスクが高くなります。たとえば、マーケティングの世界では、「顧客志向」が大切だけど、企業はよく「売り手志向」に陥っている、といわれます。「3mmのドリル」の話は有名です。ドリルを作る企業の立場からすると、ドリルをどう改良するか、という考え方になりがちです。しかし、顧客が欲しいのは、ドリルではなく「穴」です。「顧客志向」で考えると、あける穴の数、深さ、材質によっては、ドリルとは違う製品のほうがよいかもしれません。「売り手志向」は、自分勝手で、的外れな考えにしか至らず、顧客のニーズを満たせなくなる可能性を生んでしまいます。

そのような状況から脱却するためには、「前後・左右・上下」へと考えを振ってみることです。今、あなたが、優れた社員の採用を考えているとしましょう。この場合、たとえばその候補者自身の頭の良さだけで判断してしまうのは浅はかです。この候補者が、お客にフィットするか、同僚とうまくいくか、採用せずに他社に取られてもOKか、上司の言うことを聞く組織人か、この人の家族にはどんな影響があるか、このように「前後・左右・上下」から広く考えると、的外れではない、より正しく、深い判断ができるはずです。

自分勝手な的外れな理屈になっていないか要チェック！

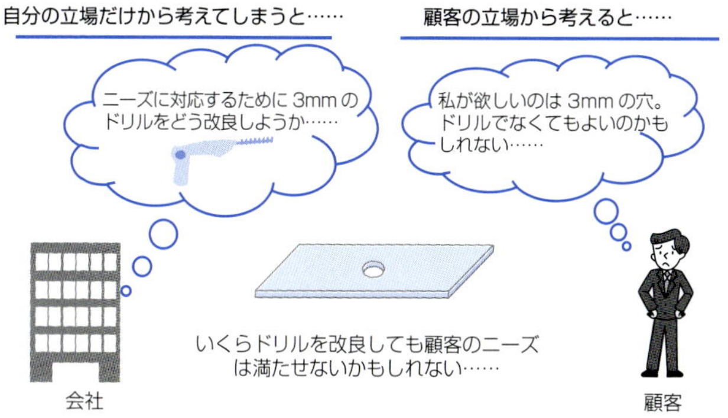
自分の立場だけから考えてしまうと……
ニーズに対応するために 3mm のドリルをどう改良しようか……
顧客の立場から考えると……
私が欲しいのは 3mm の穴。ドリルでなくてもよいのかもしれない……
いくらドリルを改良しても顧客のニーズは満たせないかもしれない……
会社
顧客

「前後・左右・上下」へと「ビッグピクチャー」を広げる

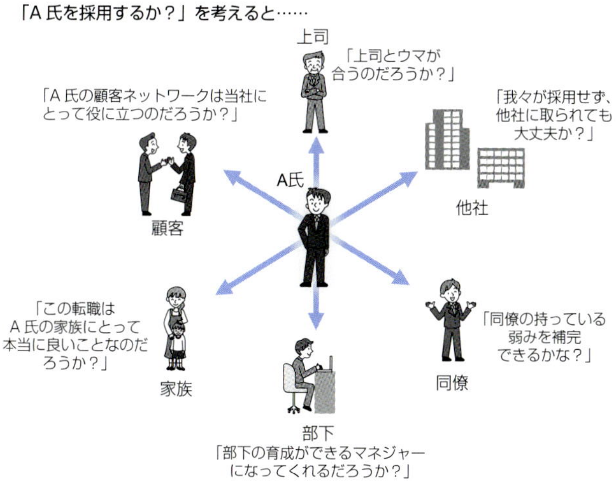
「A 氏を採用するか？」を考えると……
上司
「上司とウマが合うのだろうか？」
「A 氏の顧客ネットワークは当社にとって役に立つのだろうか？」
顧客
「我々が採用せず、他社に取られても大丈夫か？」
他社
A氏
「この転職は A 氏の家族にとって本当に良いことなのだろうか？」
家族
「同僚の持っている弱みを補完できるかな？」
同僚
部下
「部下の育成ができるマネジャーになってくれるだろうか？」

25 経営学のフレームワークの多くはMECE

前述の３Ｃ、４Ｐなど、経営学のフレームワークはMECEの状態にできています。その多くは、ビジネスの要素、プロセス、構造などの切り口を含んでいます。フレームワークや、こういった切り口はMECEに考える際のヒントになります。

経営学のフレームワークは、数多く存在します。中でも、３Ｃや４Ｐ、７Ｓなどは、その代表例といえるでしょう。なぜなら、これらは、経営、マーケティング、組織といった、ビジネスの重要領域の重要な要素を、MECEに抽出したものだからです。

一方、プロセス、つまり、ものごとの流れで、MECEを構成しようとするフレームワークもあります。たとえば、バリューチェーンは、企業の仕事の流れを捉えたものです。企業は、原材料をインプットして、製品やサービスをアウトプットするシステムです。それゆえ、企業の全体像は、プロセスで捉えることが可能なのです。他には、５Ｆのように構造を明らかにしようとするフレームワークもあります。５Ｆは、顧客、供給業者、新規参入、代替商品、競合の５つの要素の間の力関係を捉えることによって、業界の魅力度を明らかにすることができます。

MECEに考えようとする際には、先人の考えたフレームワークを活用しない手はありません。あるいは、その根幹にある、要素、プロセス、構造を考える、といった切り口を、自分なりに利用しようとすることも大いに有効です。

（事例）経営学のフレームワークはMECE

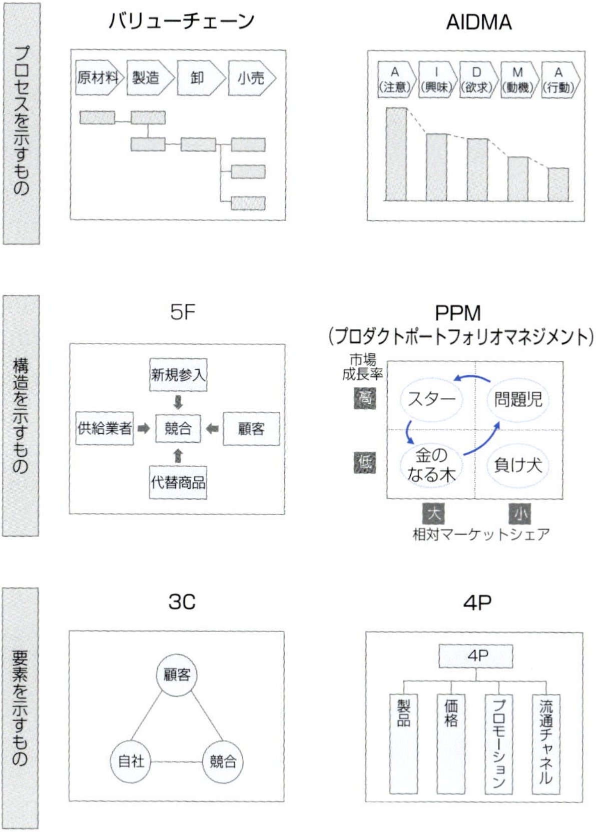

プロセスを示すもの
バリューチェーン
原材料
製造
卸
小売
AIDMA
A（注意）
I（興味）
D（欲求）
M（動機）
A（行動）
構造を示すもの
5F
新規参入
供給業者
競合
顧客
代替商品
PPM
（プロダクトポートフォリオマネジメント）
市場成長率
高
低
スター
問題児
金のなる木
負け犬
大
小
相対マーケットシェア
要素を示すもの
3C
顧客
自社
競合
4P
4P
製品
価格
プロモーション
流通チャネル

26 MECEを「見える化」する面積図

面積図は、MECEな全体像を視覚化するうえで役に立つツールです。面積図の四角形が全体像になり、縦横の２つの軸で、その内部の構造を示すことができます。

面積図は、MECEに考えるうえで、３つのメリットをもたらしてくれます。１つ目は、一枚の紙の上に、全体像とその構造を描くことができるので、わかりやすく、頭の整理ができることです。２つ目は、四角形に全体像を示すために、大事な要素を２つに絞れることです。なぜなら、その過程で、どうしても「何が大切な切り口か」を考えざるを得なくなってしまうからです。３つ目は、MECEでなければ面積図を描くことができないという点です。面積図を描こうとすることは、おのずとMECEに考えることにつながるのです。

顧客のセグメンテーション（分類）を、面積図の手法を使っておこなってみましょう。まず、顧客を分類するために２軸を選びます。ここでは、横軸に地域、縦軸に年齢層を選んだとします。その２軸を組み合わせると、各セグメントごとの大きさを、ビジュアルで直感的に理解できます。もちろん、どのセグメントが一番大きくて、大事かも明確にわかります。また、この面積図の中に、「大学生」というセグメントを無理やり持ち込もうとしても、年齢層・地域とは異なる切り口であり、MECEでなく重なりが生じるため、面倒なことになります。

紙の上には、３軸（３次元）まで表現することが可能です。ただ、２軸（２次元）ぐらいが、パッと全体像を理解するには、ちょうどよいのだと思います。

大きな四角形が全体を示し、中の四角形が構造を示す

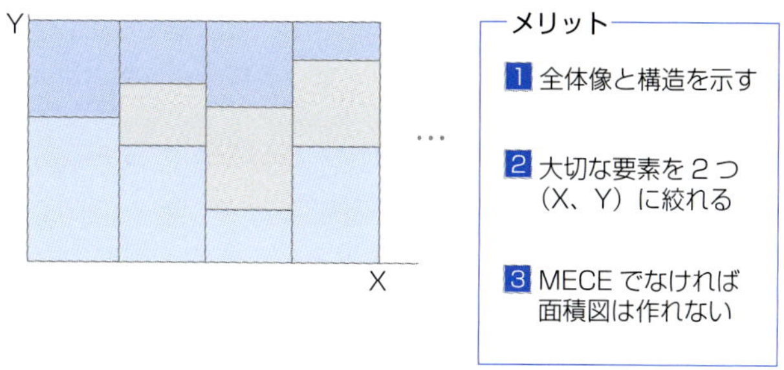
Y
X
…
メリット
1 全体像と構造を示す
2 大切な要素を2つ（X、Y）に絞れる
3 MECEでなければ面積図は作れない

事例　たとえばA国の人口を面積図であらわしてみると……

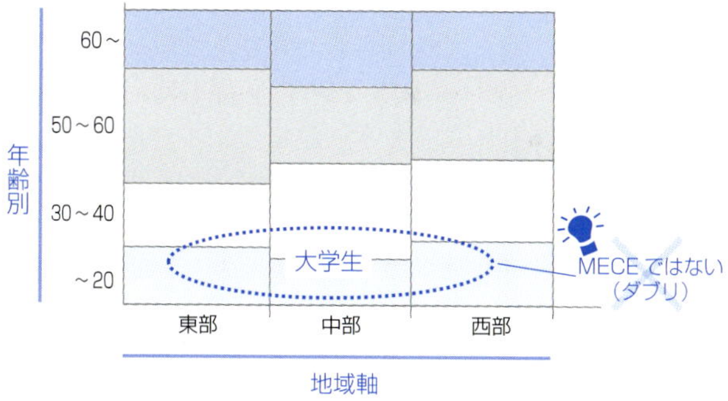
60～
50～60
30～40
～20
年齢別
大学生
MECEではない（ダブリ）
東部
中部
西部
地域軸

27 「時間軸」と「空間軸」で発想を広げる

時間軸・空間軸の２つを組み合わせて、全体像を理解しようとすることは有効です。そこからは、物事のダイナミズムが見えてくるからです。

あらゆることは、時間的・空間的な広がりの中で捉えることができます。裏を返せば、物事は、時間的・空間的な広がりの中で絡み合いながら変化しているのです。わかりやすい事例としては、マーケット・ライフサイクルを挙げることができます。マーケット・ライフサイクルは、通常、横軸に時間、縦軸に市場規模（空間的広がりの大きさとして）の２つの軸を取って表現します。そこでは、多くの市場が、導入期から成熟期へと進化していくパターンが描かれます。今、自分の会社が、ライフサイクルのどの段階にいるのかを理解することは、今後を考えていくうえで重要となります。

時間と地域を大きく俯瞰する発想を持てば、アナロジー（類推）発想も生まれてきます。欧州のユーロ危機には、米国で発生したリーマン・ショックの教訓が生かされました。米国でITバブルがはじけたときは、日本におけるバブル崩壊における教訓が生かされました。地域軸・空間軸で物事を大きく俯瞰していく中からは、いろいろな発想の広がりを期待できるのです。究極的なビッグピクチャーは、歴史的な流れ、地球規模での動きです。たとえば、今の日本が、ローマ帝国や大英帝国の衰退から何かを学べるとしたら、それは、時間軸・空間軸で考えることのメリットだと思います。

時間軸（ライフ）×空間軸（規模）で考える：マーケット・ライフサイクル

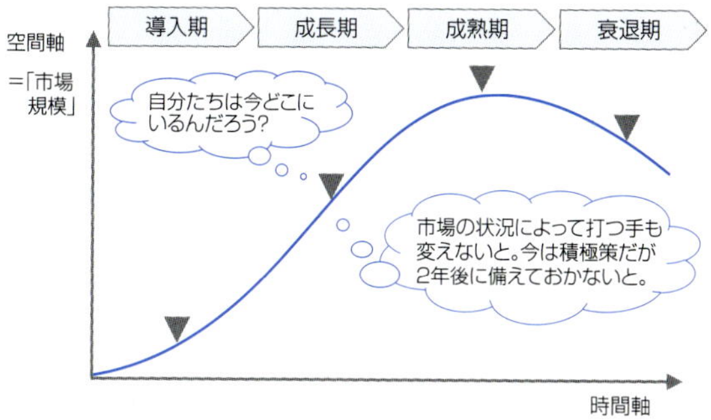

導入期
成長期
成熟期
衰退期
空間軸
=「市場規模」
自分たちは今どこにいるんだろう？
市場の状況によって打つ手も変えないと。今は積極策だが2年後に備えておかないと。
時間軸

時間軸（歴史）×空間軸（地域）で考える：アナロジー発想

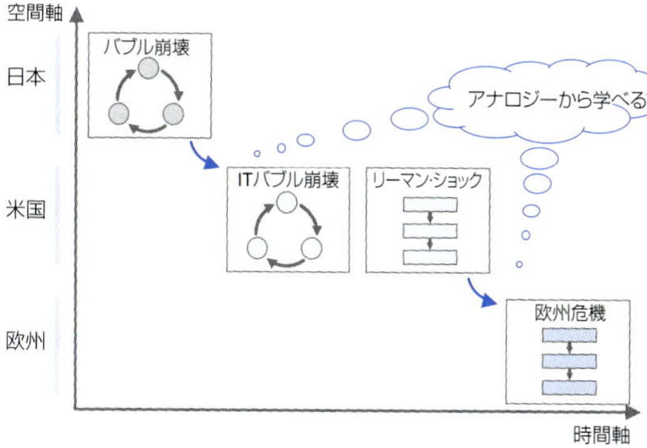

空間軸
日本
米国
欧州
バブル崩壊
ITバブル崩壊
リーマン・ショック
アナロジーから学べる
欧州危機
時間軸

発想を広げる2軸は、「時間軸」と「空間軸」

28 マトリックスは優先順位を決める有効手段

2次元マトリックスの全体像の中に、いろいろな物事を位置付けることによって、優先順位をハッキリとさせることができます。

何事においても、使える時間や資源（ヒト、モノ、金など）には限りがあるため、物事の優先順位を決めていかなければなりません。多くの場合、「相手・対象が魅力的か？」「自分の強みを発揮できるか？」の２軸により全体像を俯瞰することによって、優先順位を明らかにすることができます。

たとえば、新しい事業として何をすべきかを考えた場合、おそらく選ぶべき軸は、「市場の魅力度」と「自社の競争優位構築の可能性」ということになるでしょう。数ある新規事業案の中で、そのどちらもが大きい新規事業案が選ばれるべきだ、ということになります。実は、その２軸は、さらに細かな２軸へと分解することも可能です。「市場の魅力度」は、「規模」×「成長性」に、「自社の競争優位構築の可能性」は、「自社の強み」×「競争環境のゆるやかさ」に分けて表現することもできます。読者の皆さんもお気づきでしょうが、これはMECEなピラミッド構造です。優先順位をつけることを考える際にも、ロジカル・シンキングの２大ツールは生きているのです。

２次元のマトリックスであらわされる全体像の中では、優先順位の低い、やるべきではないこともハッキリしてきます。やるべきでないことが明らかになれば、より一層、やるべきことを明確に意識することもできるでしょう。

「自社の強み」と「市場の魅力度」で優先順位は決まる

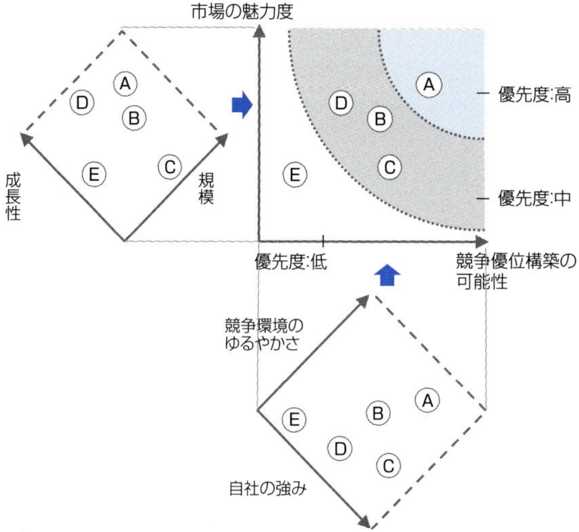

市場の魅力度
A
D
B
C
E
成長性
規模
優先度:高
優先度:中
優先度:低
競争優位構築の可能性
競争環境のゆるやかさ
自社の強み

2×2のマトリックスも実はピラミッド構造

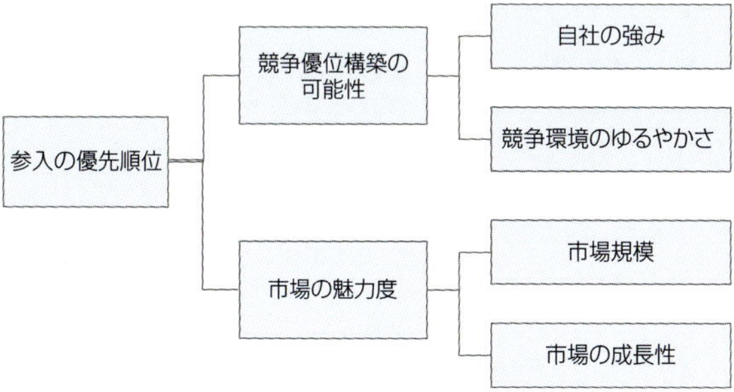

参入の優先順位
競争優位構築の可能性
市場の魅力度
自社の強み
競争環境のゆるやかさ
市場規模
市場の成長性

29 ダブリをなくして効率を上げる

ヌケモレが間違いを生むのに対して、ダブリは非効率をもたらします。同じことを別の切り口からずっと繰り返していないか、一歩引いて考えてみることが重要です。

自社の製品開発のあり方や、製造工程の改善について、延々と考え、議論をしても、その効用は限られてしまいます。なぜなら、それは、自社に関することだけを、いろんな切り口で検討していたにすぎず、競合や顧客の動きに対する考えが、不十分になるからです。同じことをダブっておこなうことを防ぐためには、何について、どのような切り口で検討しているのか、一歩引いた目線で、しっかりと意識しておく必要があります（この場合は３Ｃということになります）。

受験勉強のときなどは、ダブリは致命傷になってしまいます。もちろん、数学ばかりを勉強して、他の科目を勉強しない、というダブリを犯してしまう人はいないでしょう。しかし、数学を勉強する中で、ムダなダブリを犯してしまう人はたくさんいます。たとえば、公式をノートに整理する。その公式を覚える努力をする。それを練習問題で試してみる。これはダブリ以外のなにものでもありません。それよりも、自分で公式を証明してみる。空間認識力を高めるためにパズルを解いてみる。ちょっと高度な大学の数学を勉強してみる。こういったことをやってみたほうが、数学の実力を向上させるうえで、ダブリのない意味のある努力といえるでしょう。これらは今の受験制度では難しい面もありますが、限られた時間で、効果効率を追求するためには、ダブリは意識して避けるべきなのです。

効率を上げるにはダブリの排除が必要

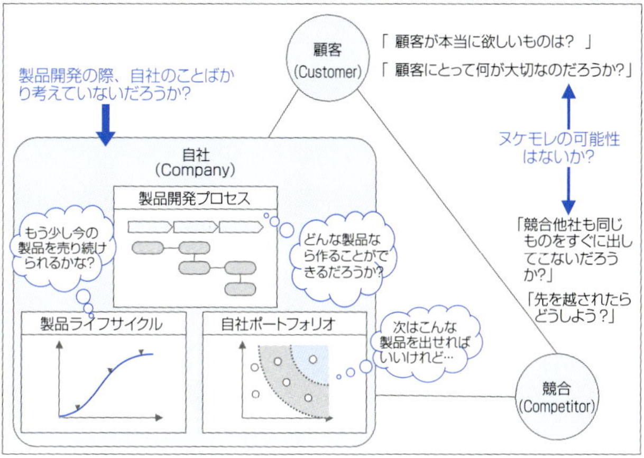

顧客
(Customer)
「顧客が本当に欲しいものは？」
「顧客にとって何が大切なのだろうか？」
製品開発の際、自社のことばかり考えていないだろうか？
ヌケモレの可能性はないか？
自社
(Company)
製品開発プロセス
もう少し今の製品を売り続けられるかな？
どんな製品なら作ることができるだろうか？
「競合他社も同じものをすぐに出してこないだろうか？」
「先を越されたらどうしよう？」
製品ライフサイクル
自社ポートフォリオ
次はこんな製品を出せればいいけれど…
競合
(Competitor)

競合に勝つためには1つの“C”だけを考えていてはダメ

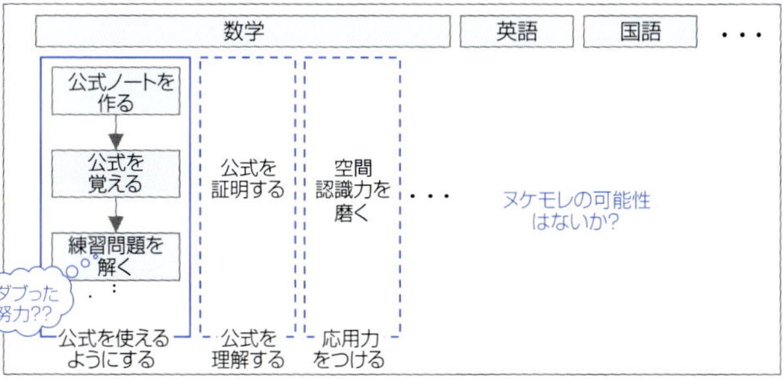

数学
英語
国語
・・・
公式ノートを作る
公式を覚える
練習問題を解く
ダブった努力??
公式を使えるようにする
公式を証明する
公式を理解する
空間認識力を磨く
応用力をつける
・・・
ヌケモレの可能性はないか？

“大学に合格するには、平均点を上げないとダメ”

30 わからないときはグルーピングから始める

最初から上手にものごとをMECEに分解することは難しいものです。まず、思いつく要素を洗い出して、そのグルーピングを試みることから、構造が見えてくることもあります。

フレームワークを使って、物事を分解して考えていこうとする際、多くの人が直面するのは、どのフレームワークで考えればよいかがわからない、という問題です。このような場合、思いつく要素を制約なく書き出してみて、それらをグルーピングしていく、ボトムアップ的アプローチも有効です。このアプローチは、発案者の川喜田二郎氏のイニシャルを取って、KJ法と呼ばれています。具体的には、いろいろな要素を1項目ずつ、1枚の紙（最近では付箋《ふせん》がよく使われます）に書き出し、それらを小グループにくくり、さらにそれを、中グループ、大グループへとくくっていきます。その作業を通じて、MECEなピラミッド構造がだんだん見えてくるのです。

たとえば、ある遊園地の顧客満足度が下がっている理由について考えてみたとしましょう。思いつく理由として、「営業時間が短い」「入場料が高い」「アトラクションが古い」「閉園時刻が早い」「故障中のアトラクションが多い」「レストランが高い」などが挙げられるかもしれません。そうすると、これらは、「営業時間の短さ」「価格の高さ」「設備の古さ」といったグループにくくれそうだということに気付きます。

この手法は、一人でも、チームによるブレーンストーミングでも有効になる、MECEな全体像を導くための手段です。

意味ある固まりに分けてこそ、分けることは役に立つ

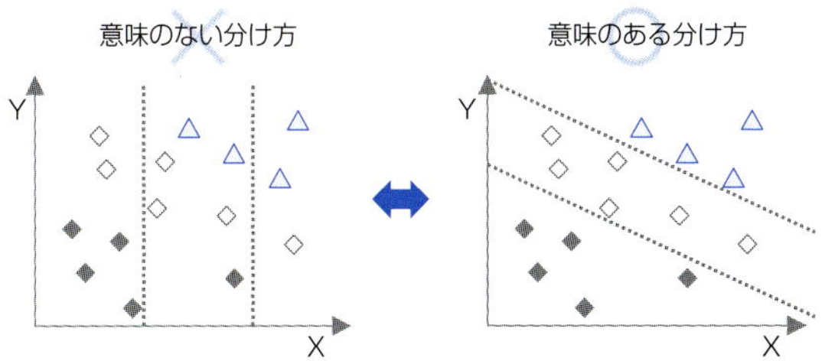

意味のない分け方
意味のある分け方
Y
X
Y
X

わからないときは、グルーピングから始める(KJ法)

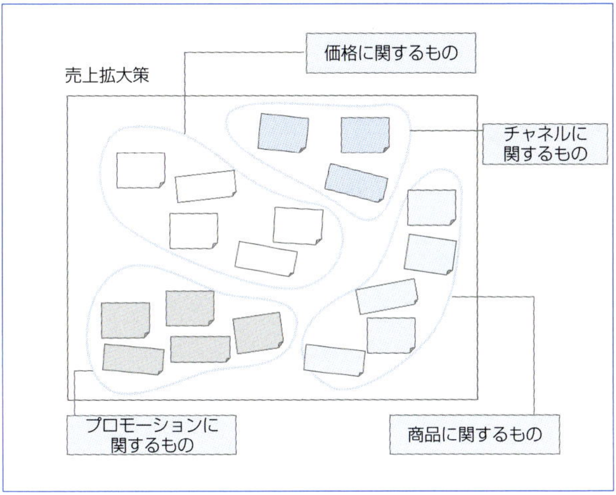

価格に関するもの
売上拡大策
チャネルに
関するもの
プロモーションに
関するもの
商品に関するもの

Coffee Break

「2軸で考える！」はなぜパワフル？

マーケティングの中に、ポジショニング・マップという考え方があります。これは、製品・サービスの大事な属性を2つ選び、その2つの属性を縦軸と横軸に使った平面の中に、自社の製品や競合の製品をマッピングしていく考え方です。たとえば、日帰り温浴施設を考えてみましょう。最近では、郊外にたくさんの日帰り温浴施設ができました。お風呂に関する施設は、縦軸：遠くて不便⇔近くて便利、横軸：本物の温泉⇔普通のお湯、といった2軸の平面の中にマッピングすることができるでしょう。温泉旅館は、「遠くて不便な、本物の温泉」、スーパー銭湯は、「近くて便利だけど、普通のお湯」、ということになります。日帰り温浴施設が成功したのは、「近くて便利な、本物の温泉」だったからです。ポジショニング・マップを描いてみることによって、満たされない顧客ニーズを捉えた新製品を思いつくこともできます。

ポジショニング・マップが強力である理由は、「2軸で考える」ところにあります。面積図（26項）やマトリックス（28項）、「時間軸」「空間軸」（27項）でも述べましたが、2軸を使って、平面（2次元）で考えることは、人間の思考には向いているようです。全体像をパッと理解しやすい上に、平面を2つ程度の切り口で分けることも、シンプルで理解しやすいのでしょう。2軸は右脳を刺激してくれるのです。困ったときは、何らかの2軸で考えてみましょう。

コミュニケーションするうえでも2軸はパワフルです。シンプルな分、説明しやすくなるし、そもそも、最もよく使われるコミュニケーション媒体である紙も画面も、2軸をあらわすのに最も適した平面（2次元）なのですから。

第Ⅳ章

ロジカル・シンキングで問題解決

31 問題とは、あるべき姿と現状とのギャップ

問題とは、あるべき姿と現状とのギャップです。解決策は、そのギャップを埋める方法ということになります。あるべき姿や、現状を正しく理解できていなければ、問題解決に結び付くことはありません。

問題を正しく捉えることは、それを解決し、成果を出していくうえで、きわめて重要です。まず最初に考えるべきは、「どうやって解くか？」ではなく、「何を解くべきか？」ということです。「問題」は、「あるべき姿」－「現状」というピラミッド構造であらわすことができます。つまり、問題を明確にするためには、あるべき姿や現状をハッキリとさせなければなりません。もし、あるべき姿と現状の間にギャップがなければ、そこには問題がありません。あるいは、あるべき姿と現状の間のギャップが、埋めることのできないものであれば、それはそもそも解決不可能なので、問題とすべきではありません。たとえば、100メートルを15秒で走る高校生にとって、15秒で走ることが目標であれば、そこに問題は存在しないことになります。７秒を目標にしてしまうと、どんな努力をしてもおそらく実現できないため、これも問題にはなりません。７秒と15秒のギャップは、どんなピラミッド構造で分解していっても埋まることはなく、ロジカル・シンキングで解決することはできないからです。

現実の世界で最も恐ろしいのは、「間違った問い」に「正しい答え」を出してしまうことです。それは状況をどんどん悪化させてしまいます。この章では、ロジカルな問題設定と、ロジカルな解決手法について説明していきます。

問題とは、あるべき姿と現状のギャップ

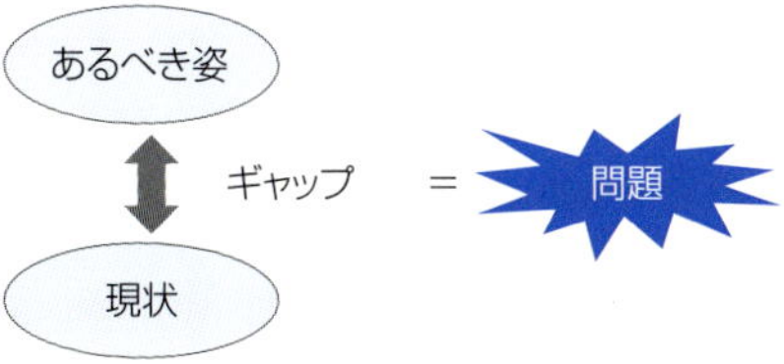
あるべき姿
ギャップ
=
問題
現状

正しい問いを設定することが重要

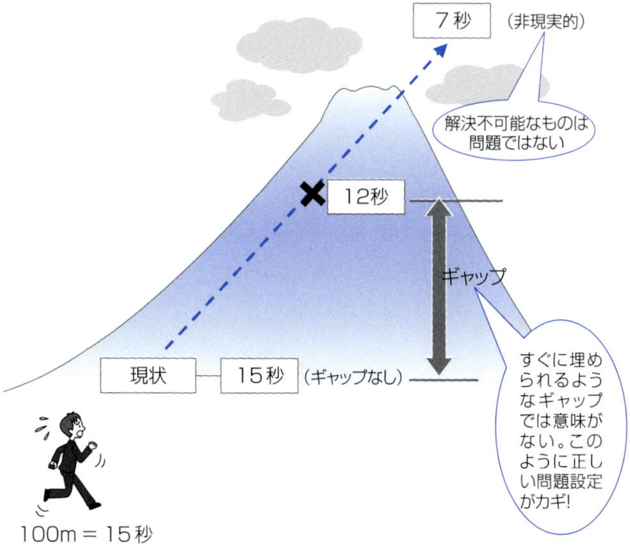
7秒
（非現実的）
解決不可能なものは
問題ではない
12秒
ギャップ
現状
15秒
（ギャップなし）
すぐに埋められるようなギャップでは意味がない。このように正しい問題設定がカギ!
100m＝15秒

32 問題は「What」から「How」へと進んでいく

問題に答えを出し、物事を前に進めるためには、まず、「What」の問題を考えることから始め、次に「How」の問題に取り掛かっていくほうが得策です。

先ほどのように、「問題」＝「あるべき姿」－「現状」と考え、その「ギャップ」を問題と定義することは、問題の本質を、「What」、つまり「何をすべきか？」「何を実現するべきか？」という視点で捉えているということになります。この「What」が明らかになってはじめて、次に「どうやって？」を考えていくべきです。この順番を間違え、「How」から「What」へと進んでしまうと、「できそうなことは何か？」という制約条件から考えてしまうことになり、本来のあるべき姿をゆがめてしまうことにもなりかねません。結果、正しい問題設定をおこなえなくなってしまいます。

「What」「How」以外にも、Why、Where、Who、Which、といった疑問詞があります。しかし、これらは、「What」「How」を明らかにしていくうえで活用すべき、「問いかけ」であるということができます。WhereやWhichは、「What」の一部になります。たとえば、あなたの将来の夢（What）は、欧州のサッカーチーム（Where）で、ミッドフィルダー（Which）になることだったのかもしれません。一方、WhyやWhoは、「How」を明らかにするために、必要な問いかけになります。

ロジカル・シンキングで問題解決をおこなう場合には、「What」→「How」へのプロセスを踏むことによって、問題の本質的な解決にいたることができるようになるのです。

まずは「What」を考えることから始める

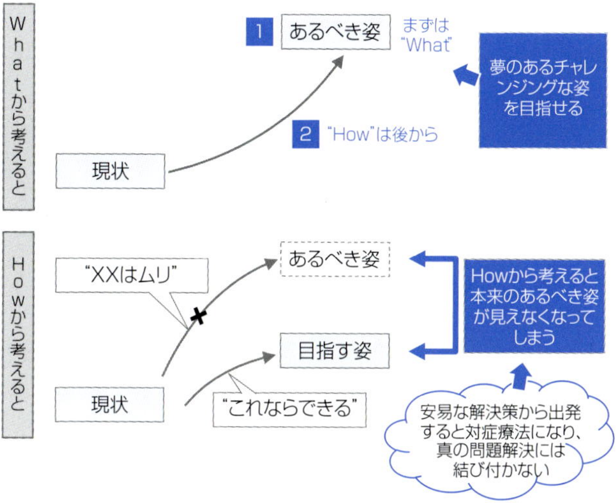
Whatから考えると
1 あるべき姿
まずは "What"
夢のあるチャレンジングな姿を目指せる
2 "How"は後から
現状
Howから考えると
"XXはムリ"
あるべき姿
目指す姿
現状
"これならできる"
Howから考えると本来のあるべき姿が見えなくなってしまう
安易な解決策から出発すると対症療法になり、真の問題解決には結び付かない

「What」「How」以外は問いかけに有効

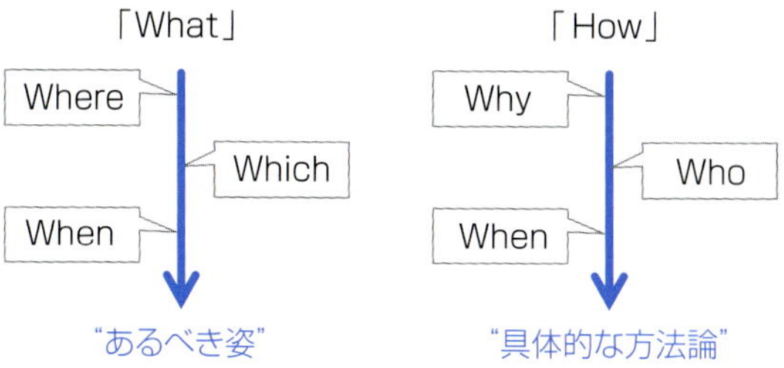
「What」
Where
Which
When
"あるべき姿"
「How」
Why
Who
When
"具体的な方法論"

33 問題発見の4Pを活用する

適切な問題設定ができているか否かは、問題発見の４Ｐのフレームワークを活用することで確認することができます。Purpose（目的）、Position（立場）、Perspectives（空間）、Period（時間）がその４つです。

Purpose（目的）は、そもそも何のためかを明らかにすることです。これは、あるべき姿を設定する前提条件になります。次のPosition（立場）は、誰にとっての問題かを明確にすることです。立場が変われば問題は大きく変わります。3つ目は、Perspectives（空間）です。これは、「思考の広がりが十分か？」というチェックポイントです。4つ目のPeriod（時間）は、どの時点での問題かを明確にすることです。

たとえば、社長の問題意識について考えましょう。ひょっとしたら、企業をダメにしてしまう社長は、売上目標の達成が目的で、立場は自分、視野の広がりは目の前の顧客と競合、時間軸は自分の任期……、といったところでしょうか。これでは、すべてのＰにおいて問題があります。到底、企業の成長は望めません。本来であれば、社長には、企業価値の創造を目的に置き、組織全体を考え、グローバルな動きを見通し、10～20年先を考えておいてもらいたいものです。

皆さんが、毎週スポーツジムに通うことを、あるべき姿に設定したとすれば、おそらく健康増進は、大きな目的の１つでしょう。その目的を忘れて、ジムの後に、焼肉とビールをたらふく食べていたとしたら、それは本末転倒です。問題設定をおこなったら、いま一度、問題発見の４Ｐで再チェックしてみましょう。

問題発見の4Pを使って問題設定の有効性をチェック

- ☑ Ⓟurpose（目的）：そもそも何のためか
- ☑ Ⓟosition（立場）：誰にとっての問題か
- ☑ Ⓟerspectives（空間）：思考が十分広がっているか
- ☑ Ⓟeriod（時間）：どの時点での問題か

事例　社長の問題意識

	ダメな社長		できる社長
Purpose（目的）	売上目標	←→	企業価値向上
Position（立場）	自分	←→	組織全体
Perspectives（空間）	目の前の顧客・競合	←→	グローバル
Period（時間）	自分の任期	←→	10～20年先

うちの社長はどっちかなぁ……

34 立場によって問題は変わる

4Pの1つ、Position（立場）が違えば、問題の見え方が180度違ってくる場合もあります。いったん、今の立場を離れて、立場を変えて問題を眺めてみることによって、より客観的に物事を捉えることができます。

ここ20年ほど、ずっと低金利が続いています。資産家にとっては、低金利は利息収入の減少になってしまう困った問題です。一方、住宅ローンなどを借りている人にとっては、低金利は、支払い負担が小さくなるありがたい状況だといえるでしょう。同じ低金利という状況も、立場によっては、180度違って見えることになってしまいます。「誰にとっての問題か」というふうに、「主語」を明らかにしなければ、そもそも問題設定は不可能なのです。

今、社員のスキル不足が大きな課題になっているとしましょう。この場合、「人が育たない」と見るのか、「人を育てられない」と見るのか、それによって問題設定は大きく異なってしまいます。前者であれば、採用する人のタイプを変えるか、人が育つための組織風土改革を実施すべきかもしれません。後者の場合だと、育てる側の問題になり、研修プログラムの変更や、上司の人材育成能力の向上などが論点となってくるでしょう。「主語」の違いによって、問題の質自体も大きく変わってしまうのです。

偏った立場から設定された問題は、物事の本質を捉えられていない可能性があります。問題設定の際には、少なくとも一度、自分を離れ、相手、上司、周囲の人の立場に立って、考えてみることが有効です。

問題と考えている「主語」は誰かを明確に！

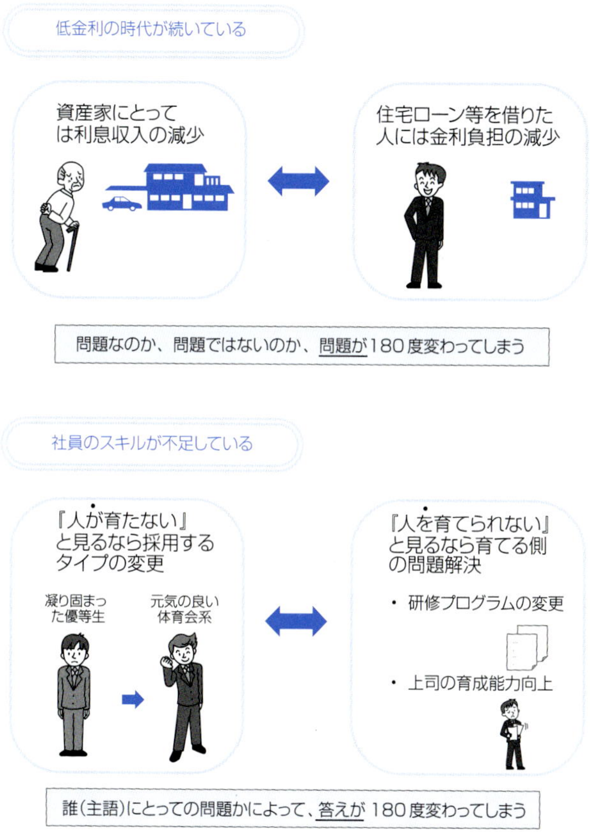

低金利の時代が続いている
資産家にとっては利息収入の減少
住宅ローン等を借りた人には金利負担の減少
問題なのか、問題ではないのか、問題が180度変わってしまう
社員のスキルが不足している
『人が育たない』と見るなら採用するタイプの変更
凝り固まった優等生
元気の良い体育会系
『人を育てられない』と見るなら育てる側の問題解決
・研修プログラムの変更
・上司の育成能力向上
誰(主語)にとっての問題かによって、答えが180度変わってしまう

35 常にその時点での答え「仮説」を持とう

問題設定から、問題解決へと進むときには、まず、仮説を持つことが大切です。仮説とは、その時点での仮の答えです。仮説思考を実践することによって、作業量は劇的に減少します。

通常、コンサルティング会社では、仮説思考を非常に重要視します。たとえば、プロジェクトの開始時に、「X社はA社を買収することにより中国進出を果たし、内陸部を中心に事業Yを伸ばしていくべきである」といったような、できるだけ具体的な仮説を持つことを心掛けるのです。

この仮説思考には、2つのメリットがあります。1つ目は、仮説を持つことによって、何を明確にしなければいけないかがわかることです。先ほどの例では、なぜ中国か、なぜ内陸部か、なぜA社か、といったことについて分析していく必要性が明らかになります。仮説を持つことによって、「何をどう考えてよいかわからず、途方に暮れる」→「とにかく情報を集めてみる」→「集めた情報におぼれ、さらに途方に暮れる」の悪循環を避けることができるようになるのです。

2つ目のメリットは、集めた情報や分析結果をうまく活用できるようになる、といった点です。もし、A社とX社は合いそうにない、という分析結果が出たら、その時点で、B社、C社についても検討し、A社を買収する場合とは異なる戦略立案に向け、舵を切ることができます。十分な情報がない中でも、仮説を持つことは、余計な作業を省略し、より早く、より正しい答えに我々を導いてくれることになるのです。

仮説を持つとより早く、正しい答えにたどり着ける

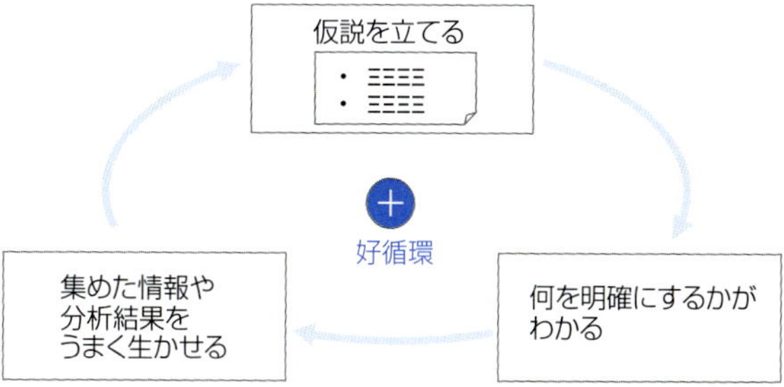
仮説を立てる
好循環
何を明確にするかがわかる
集めた情報や分析結果をうまく生かせる

仮説がないと情報の海におぼれてしまう…

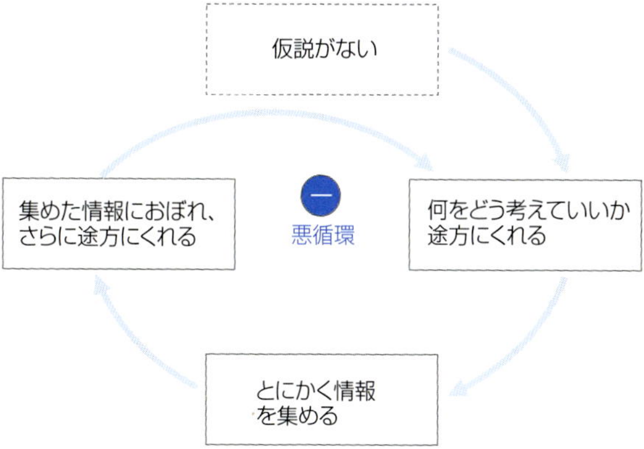
仮説がない
悪循環
何をどう考えていいか途方にくれる
とにかく情報を集める
集めた情報におぼれ、さらに途方にくれる

36 イシューツリーで「仮説」と「論点」の構造を明らかに

仮説検証のために必要となる論点（イシュー）で作られるピラミッドが、イシューツリーです。イシューツリーを描こうとすることによって、論点が明らかになっていきます。

イシューツリーのピラミッドでは、まず、仮説が出発点になります。そして、最初の「ゴールデンカット」は、その仮説が正しいか否かを検証するための主要な論点になります。論点は、常にYESかNOで答えられる疑問文です。

たとえば、「A社は、1週間以内に、DM（ダイレクトメール）を実施すべきである」という仮説を立てたとしましょう。「この仮説を検証するためには、どんな問いに答えるべきか？」を突き詰めていくと、主要な論点が浮かび上がってくるはずです。それは、「予算があるか？」「他の方法に比べて効果的か？」「すぐに実施可能か？」といったあたりでしょうか。もし、これらの論点がすべてYESならば、DMを実施する、という結論を出すことができるでしょう。

「仮説」と「論点」で構成されるイシューツリーを作るということは、同時に、重要ではないものを切り捨てるということも意味します。「上司はDMが好きか？」「他社がDMをおこなったか？」などは、あまり重要ではないでしょう。あまり重要でないのならば、これらはイシューツリーに組み込まれるべきではありません。

イシューツリーを作ることは、単に物事をロジカルに分解しようとするロジックツリーより難易度が高くなります。しかし、その分だけ、より問題解決に重要な考え方であるといえます。

「仮説」を出発点として、「論点」で構成されるピラミッドがイシューツリー

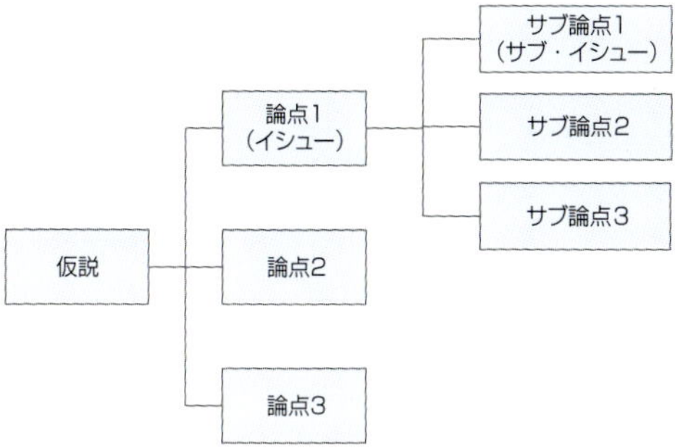
仮説
論点1
(イシュー)
論点2
論点3
サブ論点1
(サブ・イシュー)
サブ論点2
サブ論点3

事例　たとえばA社は売上回復に向けDM(ダイレクトメール)を実施すべきなのか

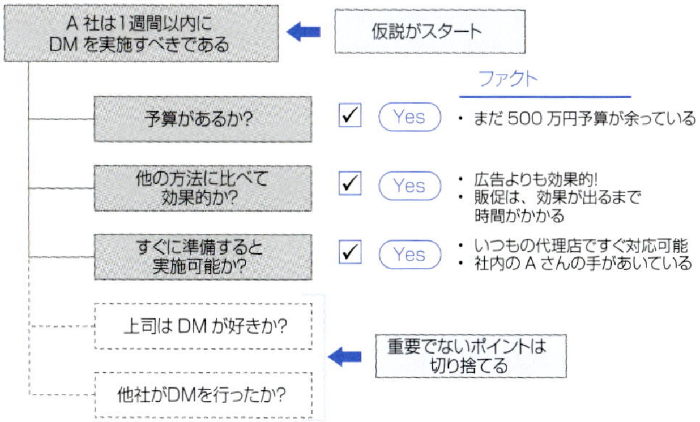
A社は1週間以内に
DMを実施すべきである
仮説がスタート
ファクト
予算があるか?
Yes
・まだ500万円予算が余っている
他の方法に比べて
効果的か?
Yes
・広告よりも効果的!
・販促は、効果が出るまで
時間がかかる
すぐに準備すると
実施可能か?
Yes
・いつもの代理店ですぐ対応可能
・社内のAさんの手があいている
上司はDMが好きか?
他社がDMを行ったか?
重要でないポイントは
切り捨てる

37 「80/20」の法則を問題解決に生かそう

経験的に、アウトプットの80％はインプットの20％によってもたらされる、という「80/20」の法則が成り立つといわれています。仮説思考を活用する問題解決にも、この法則を活用しない手はありません。

この「80/20（エイティー・トゥエンティー）」の法則は至るところに存在しています。「売上の80％を占めるのは、上位20％の製品」「テストで80点取るのは比較的簡単だが、100点取るには何倍もの努力が必要になる」などです。

先ほどの、「DMを実施すべきか否か」という例においても、「80/20」の法則が生かされています。主要な論点の3つだけを検討することによって、ほぼ間違いのないしっかりとした答えを出すことができているのです。つまり、2割の努力で8割の結果を得ている、というふうに表現することもできます。残り8割の努力をさらに上司の趣味や他社の動向調査にあてたとしても、そこから得られる効果は限定的です。たとえ効果があっても、残り2割分にすぎず、その費用対効果は小さいと言わざるを得ません。どうせなら、その残り8割の努力を、他のことに振り向けたほうが得策でしょう。

「80/20」を効かせるということは、完全なMECEから少し離れてしまうことを意味します。しかし、「80/20」で正しい論点設定ができれば、問題解決は半分終わったようなものです。ビジネスの世界は学者の世界とは違います。すべての論点に完璧に答えを出す必要はありません。おおよそ正しいと思える答えを、納得のいく形で、スピーディーに導き、すぐに行動に移していけたほうが、価値が大きいはずです。

80/20の法則は至るところに……

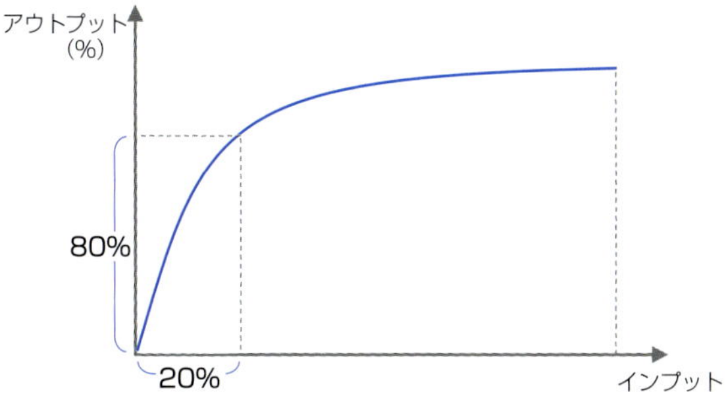
アウトプット
(%)
80%
20%
インプット

たとえば…… “営業マンのトップ2割で、売上の8割”
“売上上位2割の商品で、売上の8割”
“上位2割の都市で、その国の人口の8割”

「80/20」で仮説思考を使いこなす

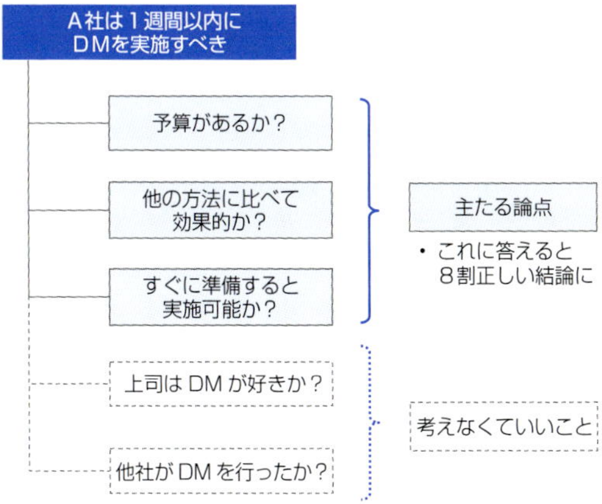
A社は1週間以内に
DMを実施すべき
予算があるか？
他の方法に比べて
効果的か？
すぐに準備すると
実施可能か？
主たる論点
・これに答えると
8割正しい結論に
上司はDMが好きか？
他社がDMを行ったか？
考えなくていいこと

38 仮説は、新しい発見によって進化していく

仮説は、あくまで、仮の答えにしかすぎません。事実や分析に裏付けられてはじめて、仮説は結論へと変わります。情報収集や分析作業によって、どんどん仮説は進化していくべきものなのです。

意味のある情報や分析とは、論点のYES、NOをハッキリとさせることができる情報・分析です。そして、主要な論点が白黒ハッキリすることによって、仮説は進化していくことになります。たとえば、定番商品Aの売上低迷に対して、「商品Aのテコ入れのためには、新商品Bに割かれている営業時間を、商品Aに振り向けなければならない」という仮説を持っていたとします。まずは、仮説検証に向け、営業時間の分析を実施することになるでしょう。仮に、商品Aのために使われていた営業時間が今も昔も違っていなかったら、仮説は間違っていたことになります。仮説を検証できたという意味で、この分析は有益だったと言うことができます。

次に確からしい仮説が、商品Aの勝率の低下にあるとしたら、営業の質の問題や、対抗商品の登場、顧客ニーズの変化などを分析する必要性が見えてきます。こうやって、新しい事実によって仮説が進化し、新たな仮説によって、次なる情報収集・分析の方向が見えてきます。この繰り返しによって、仮説は深まっていくのです。

残念ながら、最初から百発百中の仮説はあまりないと言ってよいでしょう。それゆえ、最初の仮説にかかわりすぎてはいけません。また、仮説にそぐわない発見があったとしても、それを不都合だと無視してもいけないのです。

初期仮説にこだわらず、仮説はどんどん進化させよう

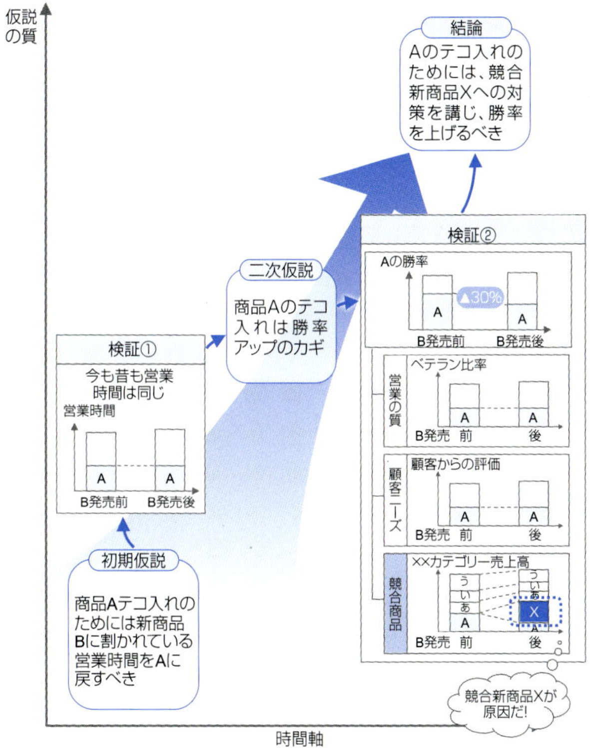

仮説の質
時間軸
初期仮説
商品Aテコ入れのためには新商品Bに割かれている営業時間をAに戻すべき
検証①
今も昔も営業時間は同じ
営業時間
A
A
B発売前
B発売後
二次仮説
商品Aのテコ入れは勝率アップのカギ
検証②
Aの勝率
A
▲30%
A
B発売前
B発売後
営業の質
ベテラン比率
A
A
B発売 前
後
顧客ニーズ
顧客からの評価
A
A
B発売 前
後
競合商品
××カテゴリー売上高
う
い
あ
A
う
い
あ
X
A
B発売 前
後
競合新商品Xが原因だ!
結論
Aのテコ入れのためには、競合新商品Xへの対策を講じ、勝率を上げるべき

39 なぜを5回繰り返す

問題の裏返しは答えではありません。対症療法ではない、真の答えに行き着くためには、なぜを５回繰り返すことが最も有効です。

「営業の質が低下したから、質を上げよう」「算数の点数が上がらないから、算数の勉強をしよう」、こういった短絡的な考えでは、なかなか効果が上がりません。真因が明確になっていないからです。真因に行き着く、最もシンプルで効果的な方法が、「なぜを５回繰り返す」です。なぜを５回繰り返すことの本当の意味は、少なくともある問題について、５通りの違う視点が持ち込まれ、多面的に考えざるを得ない状況を作り出すことにあります。

最近、「ガラパゴス化」という言葉をよく耳にします。日本独自の製品が高度な進化を遂げ、世界標準からかけ離れ、グローバルなビジネスを取りにいけない状況を指します。このガラパゴス化についても、なぜを繰り返すと、本質的な真因が見えてきます。なぜ機能が高すぎる製品を作るのか？→日本の顧客がより高機能なものを求めるから→なぜ、日本の顧客のニーズに応えるのか？→日本の顧客がたくさん買ってくれるから→なぜ、たくさん買ってくれるのか？→人口が多く、裕福だから→なぜ、人口が多く、裕福なのか？→戦後、良いものを安く作り輸出してきたから……。

こう考えると、日本の「ガラパゴス化」の根っこには、戦後の成功体験や、足元の巨大な日本市場の存在があったことが見えてきたりします。なぜを５回繰り返すとは、そういうことなのです。

問題の裏返しは答えにならない

問題		裏返しの答え
"営業の質が低下した"	×	"営業の質を上げよう"
"商品Aの売上が下がった"	×	"商品Aの売上を上げよう"
"コストが上がった"	×	"コストを下げよう"

意味がない

なぜを繰り返すと本質に近づける

日本製品がガラパゴス化している

- Why? = なぜ高機能すぎる商品を作るのか? （製品の視点）

日本の顧客がより高機能なものを求めるから

- Why? = なぜ日本の顧客ニーズに応えるのか? （顧客の視点）

日本の顧客がたくさん買ってくれるから

- Why? = なぜたくさん買ってくれるのか? （所得の視点）

人口が多く、裕福だから

- Why? = なぜ人口が多く裕福なのか （政策の視点）

戦後良いものを安く作ったり輸出してきたから

40 様々な切り口から問題解決の糸口を探す

問題の性質は多種多様です。その性質をしっかりと理解することは、問題解決のための必須要件となります。そのためには、問題の性質と同じぐらい多種多様な切り口を準備すべきです。

あるべき姿からズレていることが問題の場合もあれば、ずれて行くことが問題になる場合もあります。あるいは、チームの一体感がなくバラバラなことが問題になる場合もあります。問題の性質は、このように「変化」や「バラツキ」にあることもあれば、他にも、「プロセス」「パターン」「分布・偏り」「差異」「モレ」「欠けている要素」「ミスマッチ」など、様々なケースが考えられます。問題の性質に合った切り口で考えなければ、その問題の理解は進みません。複雑なものを理解するためには、複雑性を受け入れるだけの素地を持つべきだと言い換えることもできるでしょう。

たとえば、組織の例を考えるとわかりやすいでしょう。上記の順番に合わせて問題の例示をすると、「モチベーションが低下傾向」「スキルにバラツキがある」「承認プロセスが長く、書類に多くのハンコが並んでいる」「いつも過剰な設備投資をしてしまい、工場の稼働率が低い」「優秀な人材は現場にしかいない」「他社に比べ、間接費が多い」「下へ行くほど、ビジョンが浸透していない」「製品開発能力が欠如している」「本社だけが一等地にある」などが考えられます。

思考の柔軟性は、思考の多様性によってもたらされる側面もあります。360度、あらゆる方向から考えるクセをつけたいものです。

問題の性質は多種多様。同じだけの切り口を準備しよう！

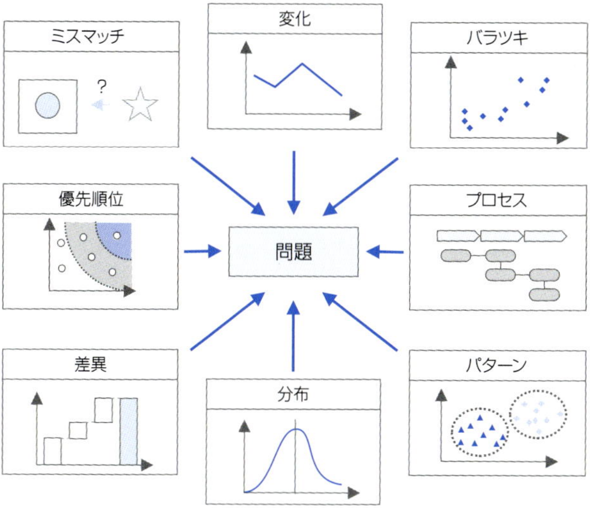
変化
ミスマッチ
?
バラツキ
優先順位
問題
プロセス
差異
分布
パターン

41 Why so?/ So what?/ True? を常に繰り返す

「なぜそうなのか（Why so）？」「だから何なのか（So what）？」「ほんとう（True）？」の質問を繰り返し問いかけることによって、論理のタイト（厳密）さや答えの精度が上がっていきます。

「なぜそうなのか（Why so）？」は、たどり着いた結論が、どういった根拠・論理に支えられているかを問いかける質問です。一方、「だから何なのか（So what）？」は、手持ちにある情報や材料から結局何が言えるのかについて、問いかける質問です。「ほんとう（True）？」は、その現実感や因果の有無を再確認するための質問です。これらの３つの質問を、ピラミッド構造の上から下へ、下から上へ、当てはめてみることによって、ピラミッドの論理はよりタイトなものになっていきます。

プレゼンテーション資料や報告書の中では、図表がよく使われます。図表の活用においても、この３つの質問は生きてきます。情報は情報のままでは意味がありません。その情報から示唆を導いてこそ意味があります。当然、図表からも何らかのメッセージを読み取るべきです。その場合、そのメッセージと図表の間には、「なぜそうなのか（Why so）？」「だから何なのか（So what）？」がしっかりと成り立っていることが求められます。残念ながら、多くのプレゼンテーション資料や報告書では、ただ単に調べたから掲載しました、というメッセージレスの図表であふれています。

ロジカル・シンキングをうまく使いこなすためには、この３つは口癖にしてもよいくらいです。

3つの質問を繰り返すことで論理のタイトさや、答えの精度を上げる

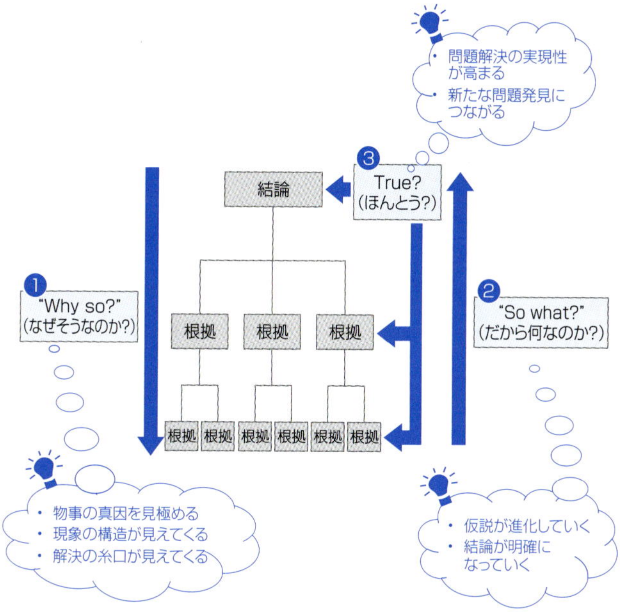

・問題解決の実現性が高まる
・新たな問題発見につながる
③ True?（ほんとう?）
結論
① "Why so?"（なぜそうなのか?）
② "So what?"（だから何なのか?）
根拠
根拠
根拠
根拠
根拠
根拠
根拠
根拠
根拠
・物事の真因を見極める
・現象の構造が見えてくる
・解決の糸口が見えてくる
・仮説が進化していく
・結論が明確になっていく

42 イシューツリーは効率的な仕事の進め方そのもの

仮説を立てて、その論点を明らかにし、問題の解決へとつなげていく手法（イシューツリー）は、そのまま、効果効率的な仕事の進め方になります。

イシューツリーの考え方では、仮説からすべてが出発しました。そして、「80/20」で大切ではないことをそぎ落とし、主要な論点を明らかにしました。そうすると、本当にやるべき大切なことが見えてくるのです。

たとえば、来期の新製品発売の準備という大きな仕事がある場合、思い描く仮説は、「新製品の発売を成功裏に収める」かもしれません。主たる論点は、「ちゃんと製品を出せるか？」「営業体制を整えられるか？」「効果的なマーケティングができるか？」「収益性は十分か？」といったところでしょうか。これらの論点にYESと答えようとすると、いつまでに生産準備をし、いつまでに営業用の資料を作るべきかといったタスクと、その期限が見えてきます。時には、先にあれをしないとこれができない、といった主従関係にあるタスクも明らかになるでしょう。それらのタスクが明らかになると、今度はそれらをスケジュール表に落とすことができます。

イシューツリーの効用は、重要でないものが、タスクの中には含まれてこないという点です。そして、スケジュールに沿って着実に実行すれば、思い描いた仮説は、やがて結果（結論）になります。途中で、何か不測の事態があっても、次善の仮説を立て、軌道修正を迅速におこなえるでしょう。イシューツリーは仕事の質を高めてくれるツールなのです。

①仮説からスタートし、「80/20」で大切なこと以外をそぎ落とす

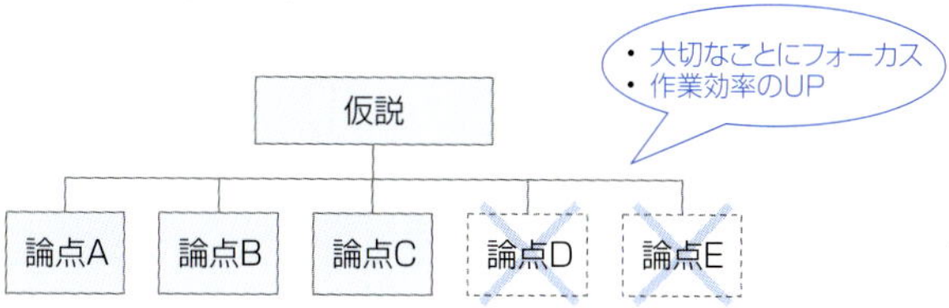

・大切なことにフォーカス
・作業効率のUP
仮説
論点A
論点B
論点C
論点D
論点E

②検証に必要なタスクを明確化

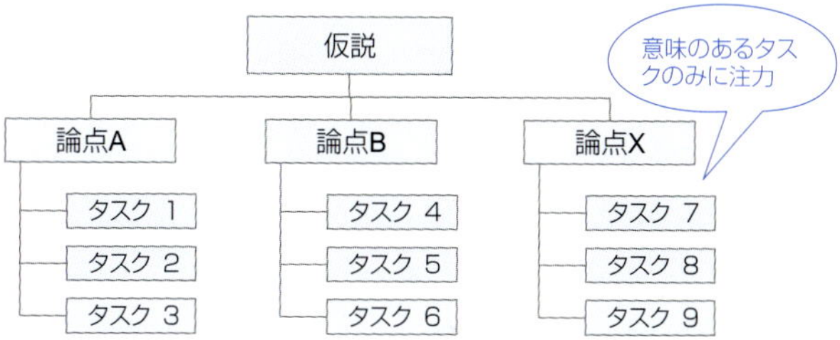

意味のあるタスクのみに注力
仮説
論点A
論点B
論点X
タスク 1
タスク 2
タスク 3
タスク 4
タスク 5
タスク 6
タスク 7
タスク 8
タスク 9

③全体スケジュールにやるべきことを落とし込み、実行していく

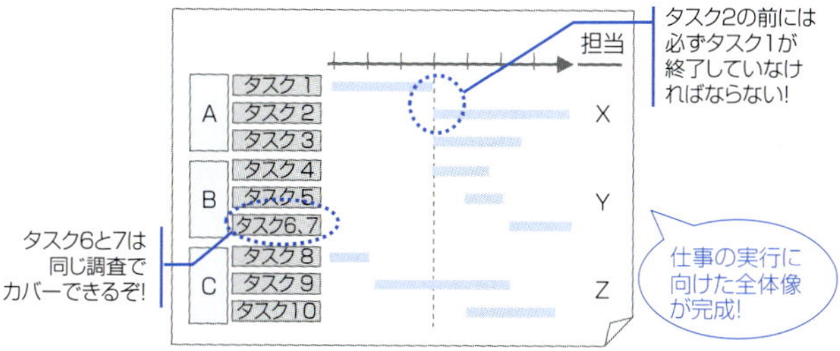

タスク2の前には必ずタスク1が終了していなければならない!
担当
A
B
C
タスク1
タスク2
タスク3
タスク4
タスク5
タスク6、7
タスク8
タスク9
タスク10
X
Y
Z
タスク6と7は同じ調査でカバーできるぞ!
仕事の実行に向けた全体像が完成!

Coffee Break

フェルミ推定のフェルミって誰？

フェルミ推定とは、「日本に電信柱は何本あるのか？」といった問題に対して、いくつかの手掛かりとロジックを使って答えを導き出す手法ですが、この呼び方はエンリコ・フェルミという人物の名前から来ていることはご存じでしょうか。フェルミは、1901年イタリアに生まれ、37歳のときにノーベル物理学賞を受賞、その後アメリカに渡り、大学で教壇に立ちつつ、世界初の原子炉稼働に中心的な役割を果たした物理学者です。彼は学生や友人をつかまえては、「砂浜に砂は何粒あるのか？」「シカゴにピアノの調教師は何人いるのか？」といったような、すぐには答えにくい質問をぶつけていました。そこから、仮定や推定を用いながら概算するアプローチがフェルミ推定と呼ばれるようになったのです。

実は、フェルミのパラドックスというものがあります。それは、「宇宙には宇宙人が満ち溢れているはずなのになぜ地球に現れないのか？」といったパラドックスです。地球にコンタクトできるぐらいの宇宙人が住む星はいくつあるのか、という問題をフェルミ推定で概算すると、相当な数になります。宇宙人の住む星は、「宇宙にあるすべての恒星」「惑星を持つ恒星の割合」「その中で生命を育める惑星の割合」「その中で文明が生まれる割合」…と分解していくことで計算できるのです。銀河系には数千億個の恒星があり、宇宙には数千億個の銀河系が存在するので宇宙人はいるはず（と思います）。しかし、宇宙はあまりに大きすぎるのでしょうか？　いまだに地球に宇宙人が来た証拠はありません。いつか、このパラドックスが解消する日がくればいいのですが、SF映画のような「侵略」という形は避けてもらいたいものです。

第V章

思考の質を高める

43 情報量と思考量は反比例する

手掛かりとなる情報がまったくない状況で考える、ということは非常に難しいことです。しかしながら逆に、情報量が増えすぎると、かえって思考量は低下してしまいます。

何かの問題について考え始めると、最初の頃は、新しい情報を得るたびに、その問題についての理解は深まっていくものです。なぜなら、その問題の背景や主要な論点に関する新たな情報が、新たな切り口を提供し、思考を刺激してくれるからです。そして、考える範囲は確実に拡大していきます。

しかし、情報が増えてくると、自然と考えなくなってしまう傾向が生まれてきます。情報の渦におぼれ、情報を整理するだけで手一杯になったり、Why so?/ So what?/True ? の問い掛けをしなくなったりするのです。いろんなことを知れば知るほど、知っていることが「常識」になり、そこから抜け出せなくなってしまいます。柔軟な発想も失われます。いわゆる「専門バカ」です。情報は両刃の剣と言えるでしょう。

ある業界で何十年も仕事を続けてきた会社に対して、経営コンサルティング会社のような外部者が価値を出せる理由の１つは、業界慣習に囚われていないがゆえに、客観的で、柔軟な発想を持ち込むことができるところにあります。ゼロベースでロジカルにあるべき姿や現状を考えるので、情報で見えなくなっていたものが見えてくるのです。

情報量と思考量は反比例すると思っておくほうがよいでしょう。会社の常識、業界の常識に縛られていると感じたら、そんな時こそ、ロジカル・シンキングを思い出すべきです。

情報が増えることで、思考を止めてしまってはいけません！

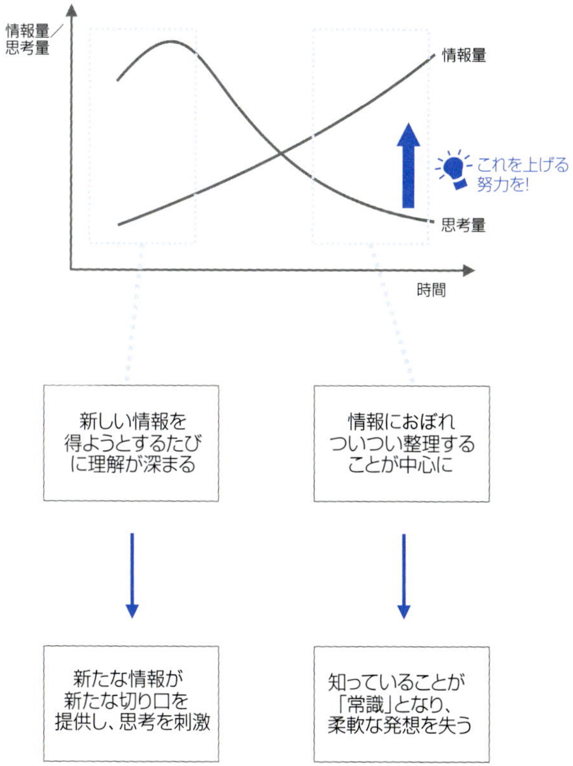

情報量／思考量
情報量
これを上げる努力を!
思考量
時間
新しい情報を得ようとするたびに理解が深まる
新たな情報が新たな切り口を提供し、思考を刺激
情報におぼれついつい整理することが中心に
知っていることが「常識」となり、柔軟な発想を失う

44 すべてを健全に疑ってみる

「常識」「前提」「結論」など、すべてを健全に疑うことによって、思考レベルは一段と高くなり、ブレークスルーが生まれてきます。これはクリティカル・シンキングと呼ばれています。

トヨタは、「在庫は少ないほうがいいが、必要だ」という常識を疑い、「在庫をなくす」という発想から、ジャスト・イン・タイムの生産方式を生み出しました。これは、在庫費用を削減し、生産効率も上げるという二律背反を克服する解になりました。ダイソンは、「掃除機の吸引力が落ちる原因のフィルターをどう改良するか」という前提を離れ、「永久に吸引力が落ちない」ことを目指し、遠心分離の原理による新しい掃除機を発明しました。これらは、「常識」や「前提」を疑うことで、新しい発想にいきついた有名な事例です。

いったん出された「結論」も疑う価値が多いにあります。たとえば、「××市場は大きく成長するので魅力的、参入すべき」という結論に至ったとしましょう。この論理自体は別に間違っているわけではありません。ただ、「なぜ競合他社が参入していないのか？」「市場の伸びは一過性ではないか？」と疑ってみるべきです。そうすることによって、競合の出方や顧客ニーズの変化を踏まえたものへと、参入戦略を進化させることもできるからです。

ビジネスの世界には難問がたくさんあります。あちらを立てればこちらが立たずの「二律背反」の克服を求められるからです。それらを解決するためには、あらゆることをクリティカル（批判的）に疑ってみるべきです。

まず疑うべきは、「常識」と「前提」

	常識	"疑ってみる"	
トヨタ	「在庫は必要だが、少ない方がいい」	➡「在庫をなくせないか」	➡「ジャス・イン・タイム」の生産方式へ
ダイソン	「掃除機の吸引力の落ちる原因であるフィルターを改良する」	➡「永久に吸引力を維持できないか」	➡「遠心分離の原理による掃除機へ」

「結論」を疑うことで、さらに思考の質を高めていく

「 ××市場は大きく成長するので魅力的。参入すべき」

クリティカル!

⬇	⬇	⬇
「なぜ自社はこれまで参入しなかったのか?」	「なぜ他社が参入していないのか?」	「市場の伸びは一過性でないのか?」
⬇	⬇	⬇
既存の事業に影響しない形への工夫!?	競合を踏まえた参入戦略への進化!?	顧客ニーズの変化のシナリオを踏まえたプランへ変更!?

45 現象ではなく構造（システム）を考える

表にあらわれる現象の奥には、それを生み出す構造（システム）があります。そもそも、物事がどういった構造のうえに成り立っているのかを理解することで、問題解決のツボが見えてきます。

大きく成長している企業が、突然、破綻してしまうケースがあります。これらの企業の共通点は、うまくいっているように見えるビジネスの奥底で、構造的な歪みを起こしてしまっていることにあります。

たとえば、海外のある航空会社が、事業の急拡大の後、急速にマーケットシェアを失って破綻したことがありました。その理由は、単に、競争相手との価格競争による悪影響だけではありませんでした。本当の理由は、「良質サービス・低価格での新規参入」→「顧客が急激に増加」→「社員採用の拡大」→「新人比率の高まり」→「サービスレベルの低下」→「顧客離れ」→「売上減少」→「固定費が大きな負担へ」→「急速な収益悪化」→「価格競争力も低下」→「低いサービスレベル・割高な価格」、といった悪循環に陥ってしまったことです。この場合、現象は売上の減少ですが、その真因は新人比率の増加にありました。

このように原因と結果は必ずしも時間的・空間的に近接しているとはかぎりません。つながりを読み解くことによって、いろんなことの構造（システム）が見えてきます。さらに、解決に向けたポイントも見えてきます。先ほどの航空会社の事例では、破綻を避けるうえでのポイントは、「適切な成長速度」にあったのかもしれません。

現象の裏には必ずそれを生み出す構造がある

事例　高品質・低価格サービスにより顧客を獲得していた高成長企業が、突然破綻するケース

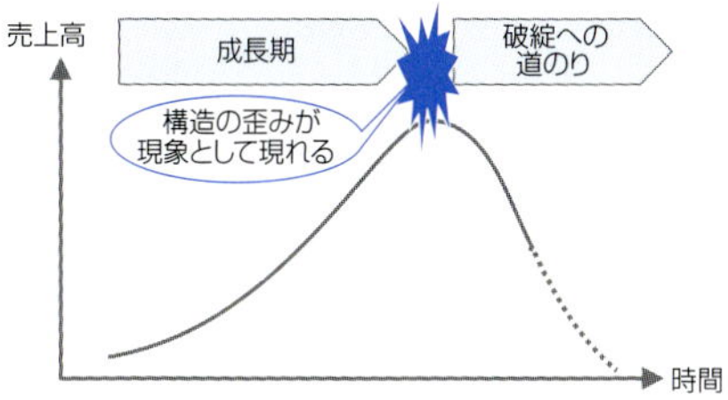
売上高
成長期
破綻への道のり
構造の歪みが現象として現れる
時間

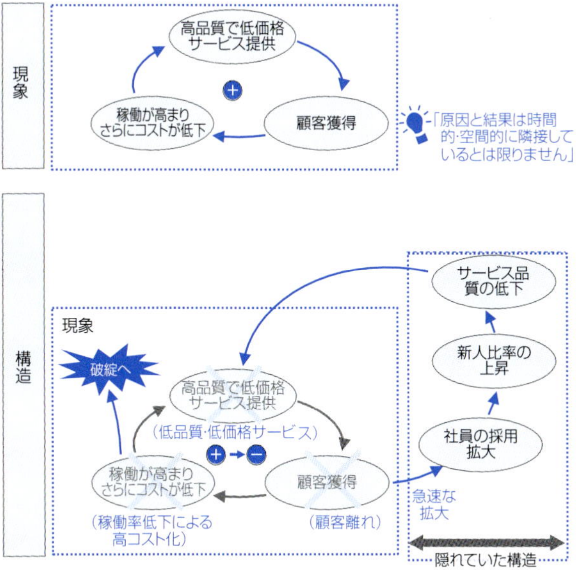
現象
高品質で低価格サービス提供
顧客獲得
稼働が高まりさらにコストが低下
+
「原因と結果は時間的・空間的に隣接しているとは限りません」
構造
現象
破綻へ
高品質で低価格サービス提供
（低品質・低価格サービス）
顧客獲得
（顧客離れ）
稼働が高まりさらにコストが低下
（稼働率低下による高コスト化）
+→−
急速な拡大
社員の採用拡大
新人比率の上昇
サービス品質の低下
隠れていた構造

46 鳥の目・虫の目で考える

実際におこっていることにできるだけ近づいて観察する「虫の目」と、高い視座から広く物事を捉える「鳥の目」の両方を持つことによって、見えていないものが見えるようになります。

「虫の目」は、現場の目線です。メーカーであれば、工場で何が起こっているか、小売企業であれば、個々の店頭で何が起こっているかをしっかりと見ようとする姿勢です。そこには、新しいアイデア、仮説のヒントがたくさん隠れています。たとえば、お客様の目に何が映っているのかを「虫の目」で観察することによって、レジ周りに小さな商品を並べ、「ついで買い」を起こさせる工夫が生まれたり、POSのデータを「虫の目」で分析することによって、新製品のアイデアを思いついたりします（近頃、男性向けの大きめのデザートが良く売れているそうです）。

一方で、「鳥の目」は、できるだけ高い視座から広く物事を見ようとすることです。複数の工場を担当する生産本部長や、複数の店舗を担当するスーパーバイザーは、「鳥の目」で複数の現場を横並びで見て、それらを比較することによって、問題の背景や真因、その解決のためのヒントを思いついたりすることができます。それらは、「虫の目」だけではなかなか見えてこないものです。

視座が変わると、ものの見え方が変わります。見え方が変わると、新しい気付きが得られます。もし、自分の視座がどちらかに偏っていたら、もう一方の視座で物事を眺めることを意識してみるべきです。

「虫の目」：現場目線で考える

工場で何が起きているか

ラインの配置
をかえれば……
ここを自動化
すれば……

店頭で何が起きているか

賞味期限に近い
ものを置いて
みれば……
ここに小さな
チョコを置け
ば……

「鳥の目」：俯瞰して、比較する

工場を横並びで見ると

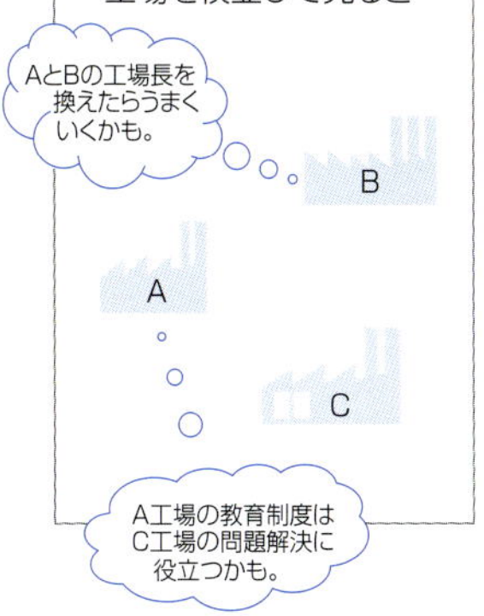
AとBの工場長を
換えたらうまく
いくかも。
B
A
C
A工場の教育制度は
C工場の問題解決に
役立つかも。

店舗を横並びで見ると

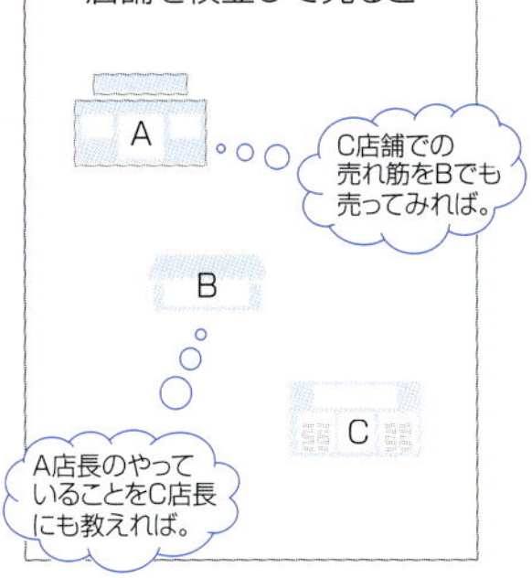
A
C店舗での
売れ筋をBでも
売ってみれば。
B
C
A店長のやって
いることをC店長
にも教えれば。

47 セルフディベートの勧め

反対意見を持つ人の立場、相手の立場など、別の人の立場にたって、頭の中で彼らとディベートをおこなうと、論理の補強や、自分の仮説の幅を広げることができるようになります。

人は、ロジカルに考え、客観的に仮説を導き出そうとしても、その人の立場に考えが引きずられがちになってしまいます。これは、主体的に考えている以上致し方ないことです。そこで、いったん作りあげた論理に対して、別の人の立場から議論を仕掛けてみると、新しい気付きを得られることもあります。たとえば、「自然災害によってダメージを受けた工場を再建すべきか、別のところに工場を建てるべきか」という問題に対して、「また同じことが起きるかもしれないので、別なところに新しい工場を建てるべき」との仮説にたどり着いたとしましょう。反対の意見を持つ人の立場からすれば、「同じ災害がまたすぐ起きることはないのでは？」「逆に災害対策がおこなわれ、より安全かもしれない」といった議論も可能になります。また、工場再建を受け入れる側からすると、「雇用の継続のために、補助金を出す」「ゼロベースで、最適な敷地の区画の提供や、近くにレストラン街を作って利便性を増す」といった提案が出てくる可能性も考えられます。

自分の中で、いろいろな人の立場を借りて、セルフディベートすることによって、自分の論理を異なった切り口で捉えることができ、今まで考えられなかった仮説を思いついたり、論理の補強ができるようになります。

別の立場・視点から自分の出した結論を再検証する

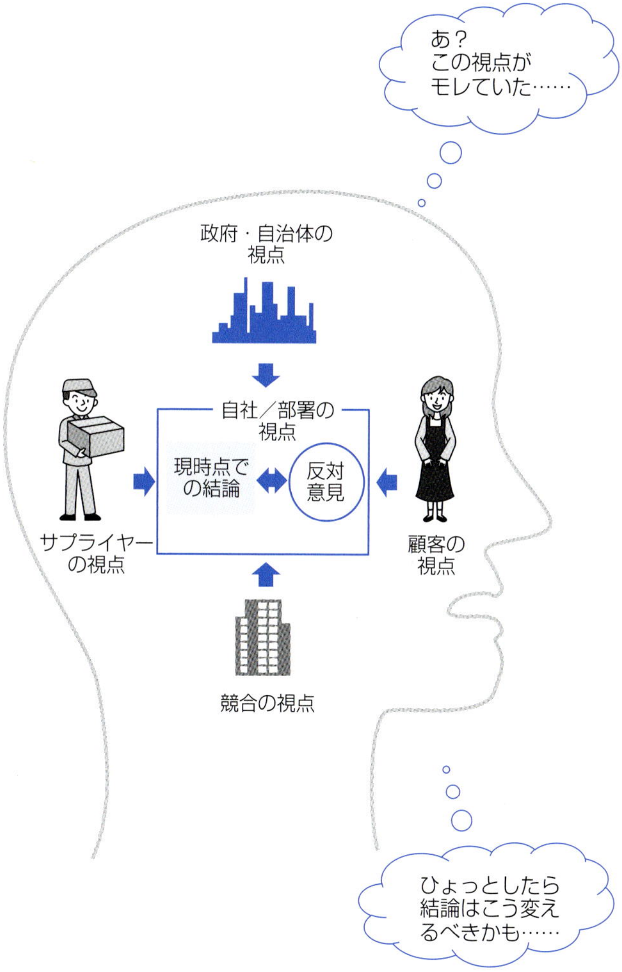

あ？
この視点が
モレていた……
政府・自治体の
視点
自社／部署の
視点
現時点で
の結論
反対
意見
サプライヤー
の視点
顧客の
視点
競合の視点
ひょっとしたら
結論はこう変え
るべきかも……

48 グラフで考える

グラフ発想は、X（原因）とY（結果）の間の関係性を考えることです。グラフを描いてみることによって、因果関係や物事のダイナミズムを理解できるようになります。

グラフの元には数式があります。グラフ化することは、自分の考えを数式化されたモデルに置き換えることを意味します。数式には曖昧さの入り込む余地がありません。それゆえ、グラフで考えるということは、因果関係を厳密に考えなければならない状況に自分を追いやることにつながります。

一番シンプルなのは、横軸をX、縦軸をYとするグラフです。これはシンプルな分、パワフルです。たとえば、マーケティングでは、マーケット・ライフサイクルという考え方がありますが、これは、横軸に時間、縦軸に市場規模をとって、製品の一生をグラフ化したものです（27項参照）。市場は、最初、成長し、だんだんと大きくなり、やがて成熟期に至ります。実はこれは新規需要と買い替え需要の動きを足したものであり、このグラフの意味を理解すると、マーケティングの打ち手はおのずと明らかになります。最初は、新規顧客獲得に向けて広告や販促に力を注ぎ、最後は、既存顧客維持に向け、あまりお金を使わず口コミや顧客満足に注力するほうがベターであるということがすぐにわかるでしょう。

関係図やフロー図は、おおまかな関係を全体的に理解するのに向いています。一方、グラフは、厳密な因果関係やダイナミズムを理解するのに向いているのです。また、グラフは数字で表されるので、定量的な分析も可能となり、とても有効です。

グラフを描くことで、因果関係や物事のダイナミズムを理解する

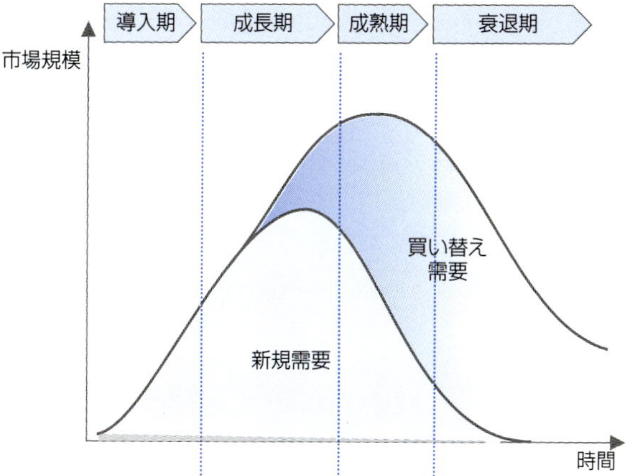
導入期
成長期
成熟期
衰退期
市場規模
買い替え需要
新規需要
時間

マーケティング目標	市場拡大	市場浸透	シェア拡大	効率(コスト)重視
マーケティング支出	大	大	大→小	小
コミュニケーション戦略	教育的啓蒙	特徴の強調	実利的手段	効果の減退
製品戦略	基礎開発	商品数拡大	差別化	商品数削減

49 擬似相関を見抜く

一見、因果関係があるように見えて、実は因果関係が存在しない、「擬似相関」と呼ばれるものがあります。隠れている別の因子（第三の因子）が、原因と結果の両方に影響を与えている可能性もあるのです。

相関関係だけを見て、「結論ありき」で因果関係の存在を決め付けてしまうのは危険です。なぜなら、隠れている別の因子に気づかず、「擬似相関」の罠に陥っている可能性があるからです。相関関係を分析するときには、他の因子が影響を及ぼしていないか、入念なチェックが必要です。

たとえば、「ビールの売上が多い時には、花火がよく売れる」というファクトがあった場合、因果関係を早とちりすると、「花火の売上拡大には、ビールの売上拡大が有効である」ということになります。確かに多少の因果関係はあるかもしれませんが、あまり納得できないでしょう。実際は、それぞれの事柄の裏に、「夏（気温）」という別の因子が隠れていると考えたほうがよいかもしれません。「ビールが売れる」ことと、「花火が売れる」ことの間に因果関係があるようにみえたのは、その裏側に、「夏」という第三の因子があったからに他ならないのです。

一見、それらしく聞こえる論理を見つけたら、擬似相関と因果関係は違うということを思い出し、相関関係の裏側に別の因子が隠れていないかを疑ってみましょう。擬似相関を見抜くためには、可能なかぎり、原因と結果と思っていること双方に影響を与える因子を列挙して、もう一度、因果関係を考え直してみることが役立ちます。

一見相関がありそうな関係にも要注意（擬似相関）

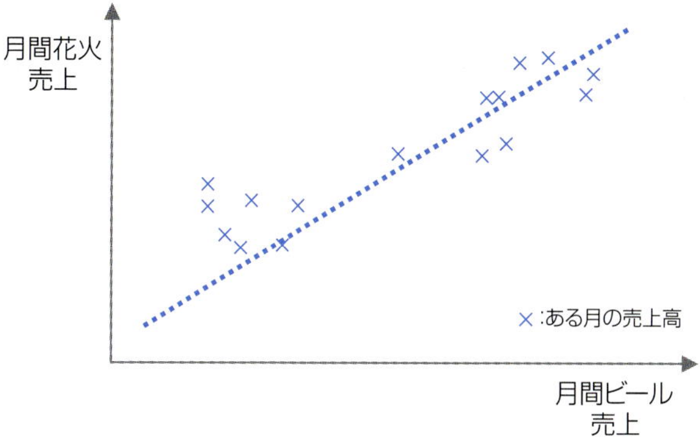
月間花火
売上
×:ある月の売上高
月間ビール
売上

別の因子が隠れていることもある（第三の因子）

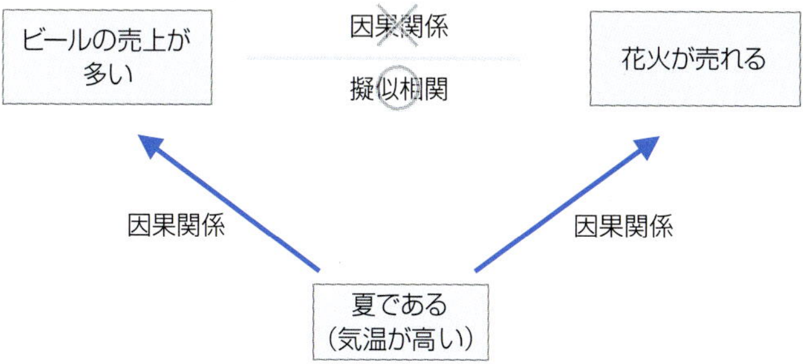
ビールの売上が
多い
因果関係
擬似相関
花火が売れる
因果関係
因果関係
夏である
（気温が高い）

50 キーワードに逃げず、とことんまで考え抜く

経営用語や流行語のようなキーワードの中には、わかったつもりになり、思考が止まってしまう「思考停止ワード」とも呼べる言葉があります。思考停止ワードが出てきたら、それらが意味するところを具体的に想像すべきです。

仕事上の会話や報告書の中では、よく「競争優位」「差別化」「付加価値」とか、最近流行った「ブルーオーシャン」「ビジネスモデル」などといったキーワードが使われることが多いと思います。それ自体悪いことではないのですが、こういったキーワードを多用すると、本当はよくわかっていないけれど、わかったような気になってしまうことがあります。これらの言葉は響きが良いので、そこで思考が停止してしまい、具体性がなくなってしまうのです。ロジカル・シンキングでは、複雑なことをシンプルに理解しようとします。それゆえ、どうしても抽象度があがってしまいがちです。地に足がついた議論に引き戻すためには、「たとえば？」と問うてみるのがいいでしょう。そこで具体的な例をあげられなかったら、議論が宙に浮いている証拠になります。

動詞の中にも、「思考停止ワード」は存在します。たとえば、「推進する」「検討する」「強化する」などがあげられるでしょう。これらに関しても、「何を」「どうやって」「誰が」「いつまでに」ということがロジカル、かつ具体的に詰められていなければ、物事が前に向いて進むことはありません。思考停止ワードや、あいまいな表現が出てきたときは、そのままに放置せず、ロジカルにその中身を分解してみることをトライしてみましょう。

「キーワード」でわかった気になるのを避ける

他社との「差別化」が重要だ!
そうですね!「差別化」戦略っすね
「差別化」って、たとえば何だろう?

今期は営業体制を一段と「強化します」
よし、とにかくがんばろう!
「強化する」って具体的に何を……?どうすれば強化したことになるの?

「思考停止ワード」になりやすい響きの良い言葉

名詞	動詞
「競争優位」	「検討する」
「顧客満足」	「強化する」
「差別化」	「推進する」
「付加価値」	「挽回する」
「ブルーオーシャン」	「再考する」
「コア・コンピタンス」	⋮
「ビジネスモデル」	
⋮	

51 一般解で満足せず個別解を探す

何にでも当てはまるような一般解は、本当の問題解決につながることは多くありません。問題の背景は千差万別です。それゆえ、本当の答えとは、その状況だけに適用できる個別解であるべきです。

現実の社会の中で直面する問題は、非常に複雑です。多くの要素が絡む上に、こちらがこうすれば、あちらはこうするというゲーム的な要素もあります。また、いろんな立場の人がいろんな目的を持って絡んでいます。そんな中、「こうすべきだ！」とたどり着いた答えの「主語」を変えてみても違和感がなければ、その答えは十分に考え抜かれた答えとは言えず、一般解のレベルにとどまっていると言わざるをえません。

「A社は新製品を開発すべきだ」「私はもっとピアノの練習をすべきだ」、これは一般解のレベルです。A社をB社に、私をあなたに変えても、何の違和感もありません。「学校から帰宅後すぐに30分間、よく間違う箇所でのミスタッチをなくすため、最低10回は反復練習をしよう」であれば、これは「私」にとっての個別解に近くなるでしょう。友達はあまりミスタッチをしないかもしれないし、怠け者ではないので、帰宅後すぐにピアノの練習をしなくても、後でちゃんとやるかもしれません。先ほどの答えは、主語を友達に変えると違和感が生じてしまうことになります。

教科書に書いているような定石（答え）は、一般解にすぎません。「教科書的」ではない個別解に昇華できるまで、ロジカルに考え抜くことによって、はじめて考えたと言うことができます。

ビジネスの世界では「一般解」と「個別解」の間の距離は大きい

一般解
大きな隔たり
個別解
状況に合わせて
個別解を作れるのが
優れたビジネスマン!

「主語」を変えて成立するならもう1回考え直す

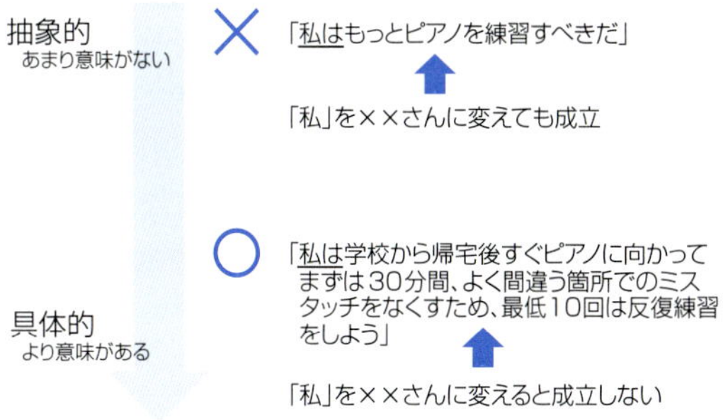
抽象的
あまり意味がない
具体的
より意味がある
×
「私はもっとピアノを練習すべきだ」
「私」を××さんに変えても成立
○
「私は学校から帰宅後すぐピアノに向かってまずは30分間、よく間違う箇所でのミスタッチをなくすため、最低10回は反復練習をしよう」
「私」を××さんに変えると成立しない

52 何のために考えているのかを忘れない

考えていたつもりが、いつの間にか、作業に埋没してしまい、本来の目的を見失ってしまうことがあります。何のために、何をしているのかを常に意識しておかなければ、思考停止のまま、時間は過ぎていってしまいます。

作業偏重になりがちな人に、「他社の成功要因はどこにあると思う？」と聞くと、その問いに直接答えるのではなく、「他社について調べてみます」とか、「顧客調査から探ってみます」というように、仮説ではなく、作業についての答えが返ってきたりします。そんな人は、「情報収集のための情報収集」、「分析のための分析」に陥りがちです。あくまで、情報収集したり、分析をおこなうのは、論点を検証し、仮説を進化させていくためです。それにつながらない作業は、本当は無意味なのです。

たとえば、数学の勉強をすることが希望の大学に入るためならば、難しい問題を解く努力を重ね、誰も解けないような問題を解けるようになっても、その努力自体にあまり価値はないでしょう。「難問を解けること」は、「希望の大学に入る」という目的の、ほんの一部の手段にしかすぎないからです。

手を動かすことに忙しいと、頭を使うことを忘れてしまいます。逆に、忙しそうにしていると、前に進んでいるような錯覚に陥いることすらあります。そんなときこそ、いったん立ち止まって、情報収集でも分析でも、今、それができたら、「何がうれしいのか」「だから何なのか」を自問自答してください。ロジカル・シンキングを役立てるためには、目的（＝結論、結果を出すこと）を忘れてはいけないのです。

目的を忘れず、仮説を忘れず、作業に埋没しないことが大切

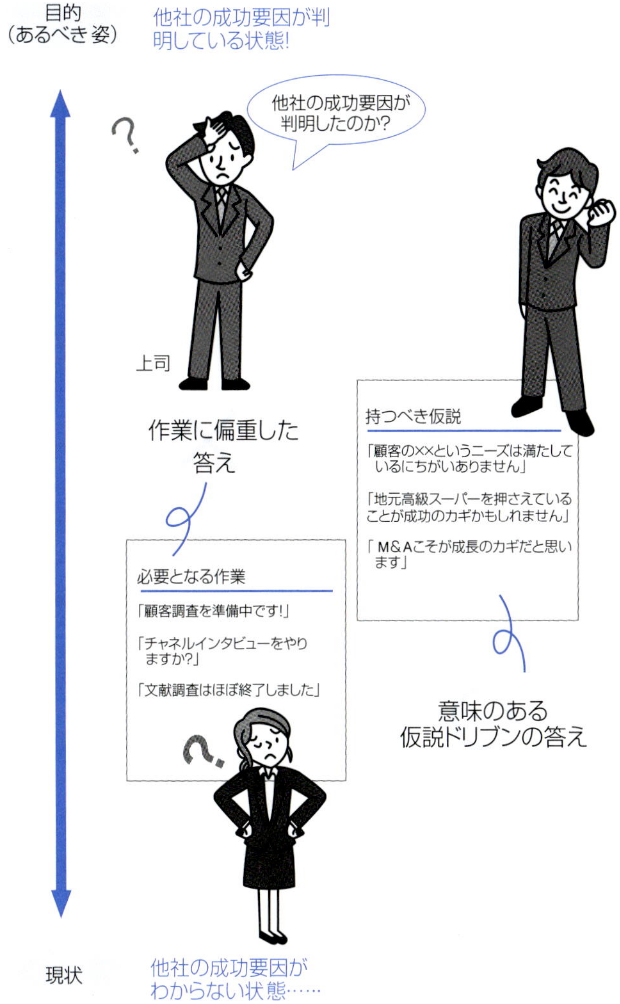
目的
（あるべき姿）
他社の成功要因が判明している状態!
他社の成功要因が判明したのか?
上司
作業に偏重した答え
必要となる作業
「顧客調査を準備中です!」
「チャネルインタビューをやりますか?」
「文献調査はほぼ終了しました」
持つべき仮説
「顧客の××というニーズは満たしているにちがいありません」
「地元高級スーパーを押さえていることが成功のカギかもしれません」
「M&Aこそが成長のカギだと思います」
意味のある仮説ドリブンの答え
現状
他社の成功要因がわからない状態……

Coffee Break

「わかる」けど、「できない」？

ロジカル・シンキングは、わかっていてもなかなか使いこなすことができません。「わかる」と「できる」の距離がかなり離れているのです。難しい微分・積分は、その本質を理解すると意外と柔軟に使いこなすことができます。一方、ロジカル・シンキングは、シンプルで難解ではない分、「わかる」と「できる」の本質は大きく異なっているのです。

ロジカル・シンキングを使いこなすための早道は「慣れ」です。その日の日本経済新聞の１面を題材に考え始めるくらいの気軽さを持ちましょう。記事の論点をピラミッド構造に整理したり、何かを推定してみることから始めればよいと思います。筆者のまわりにいる優れたコンサルタントでも、すぐに完璧に使いこなせた人はなかなかいません。仕事の中で、「習うより慣れろ」でできるようになってきたようです。

ただ、いろんな弊害はあります。ある先輩は、普段の生活であまりに理屈っぽかったため、「あなた、世の中はロジックだけで動いているのではないのよ……」と妻からあきれられ、諭されたりしたそうです。つい口癖で、恋人との会話で、「なんで？」を連発してしまったあまり、振られてしまった人もいます。オフの時は少しはロジックから離れ、人生を純粋に楽しむほうがよいのかもしれません。

つい最近、「今週末の夕飯、吉祥寺でトンカツにする？」と家内に聞かれ、「それはダブリがあるな……。油っこい・油っこくない、近場・遠くの２軸で考えると、先週末の『駒澤大学近くの天ぷら』と同じところにマッピングされるから、別のものにしない？」と言ってしまって怒られてしまいました。過ぎたるは及ばざるがごとしなのかもしれません。

第Ⅵ章

説得力を高めるロジカル・コミュニケーション

53 アンサーファースト：まずは結論から

起承転結ではなく、結論を先に述べ、その後、その根拠を伝える順番でコミュニケーションすれば、自分の考えをわかりやすく伝えることができます。なぜなら、相手が最も知りたいのは結論だからです。

ロジカルに、インパクトのあるコミュニケーションをするためには、やはり、ピラミッド構造を忘れてはいけません。自分の考えが、ロジカルに整理されていれば、それは必ずピラミッド構造になっています。それゆえ、自分の考えをわかりやすく伝えるということは、まさに、そのピラミッド構造をしっかりと伝えることと同じになるからです。その際、最も効果的なスタイルは、一番大事な仮説や結論から述べるアンサーファースト（まずは結論から）のスタイルです。ピラミッド構造を上から説明していくことになるので、聞くほうにとっても頭に入りやすいのです。

これは、起承転結で話を盛り上げ、読者を引きつける小説とはまったく異なるスタイルです。たとえば、推理小説をアンサーファーストで構成すると、「犯人はAである。なぜなら理由は3つあって……」となり、話の結論と論理構成はわかりやすいはずです。しかし、読み物としては、何も面白くないものになってしまいます。

日本人は、どちらかと言うと結論を最後に持ってきがちです。日本語の文法も、最後の最後まで聞かなければ、YesかNoかがわかりにくい構造になっています。それゆえ、何が一番言いたいことか、それをしっかりと伝えるための組み立てができているかを、意識して自問自答してみましょう。

ロジカル・コミュニケーションとは頭の中のピラミッド構造を相手の中に埋め込むこと

ロジカル・コミュニケーション

“ピラミッド構造をわかりやすく 相手に伝える”

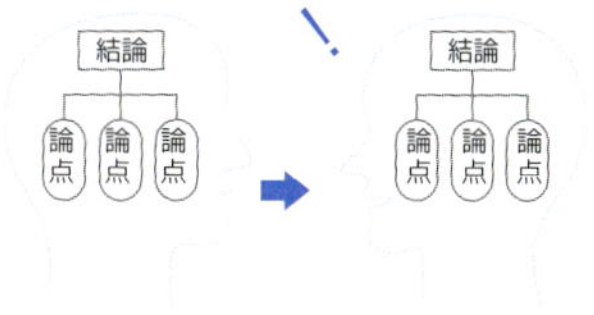
結論
論点
論点
論点
結論
論点
論点
論点

小説

“起承転結で話を盛り上げる”

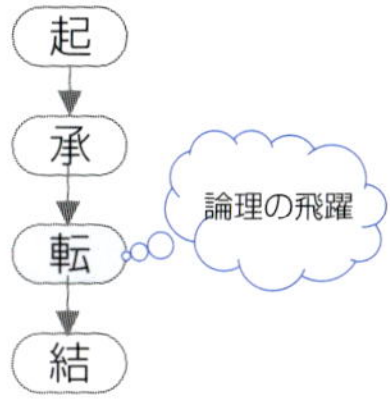
起
承
転
結
論理の飛躍

事例　たとえば、推理小説をロジカルに語ると……

確かにわかりやすいけど残りを読む気がしない……
犯人はAである。なぜなら理由は3つあって……

54 重要なポイントは3つ！

話す内容を3つ程度にまとめ、「××には、おそらく3つのポイントがあります。1つ目は……」と話し始めることによって、聞き手は全体像を理解できるため、安心して話を聞けるようになります。

最初に、「話したいことは3つ」と宣言することで、××を頂点とした3つの箱からなるピラミッド構造の全体像を、聞き手の頭の中に作ることができます。3つ程度であれば、聞き手も話を聞きながら、それらを覚えておくことができるので、××と3つのポイントの関係について理解が促進されることになります。全体像を示すことなく漫然と話し始めてしまうと、聞き手も何をどこまで聞けばよいのかわからず、だんだんイライラしてくることにもなりかねません。全体像が理解できるということは、安心感にもつながるのです。

この手法は、話し手にとってもメリットがあります。たとえば、打ち合わせの場で、事前に十分考えていなかったことについて発言しなければならないようなときでも、「ポイントは3つ」と宣言することに意味があります。その場で話すべき論点を絞り込み、整理しようとすること自体、ロジカルに考えることにつながるからです。中には、「とりあえず3つ！」と言って話し始め、話しながら3つ目を考えるという達人もいるそうです（笑）。

話す場合にはマジックナンバーが「3」ですが、書類を作成する場合には、だいたい列挙すべき重要な論点は7つ程度が良いようです。書く場合は、経験上、マジックナンバーが「7」というのが相場になると思います。

「3つ」と宣言することで全体像を理解／整理できる

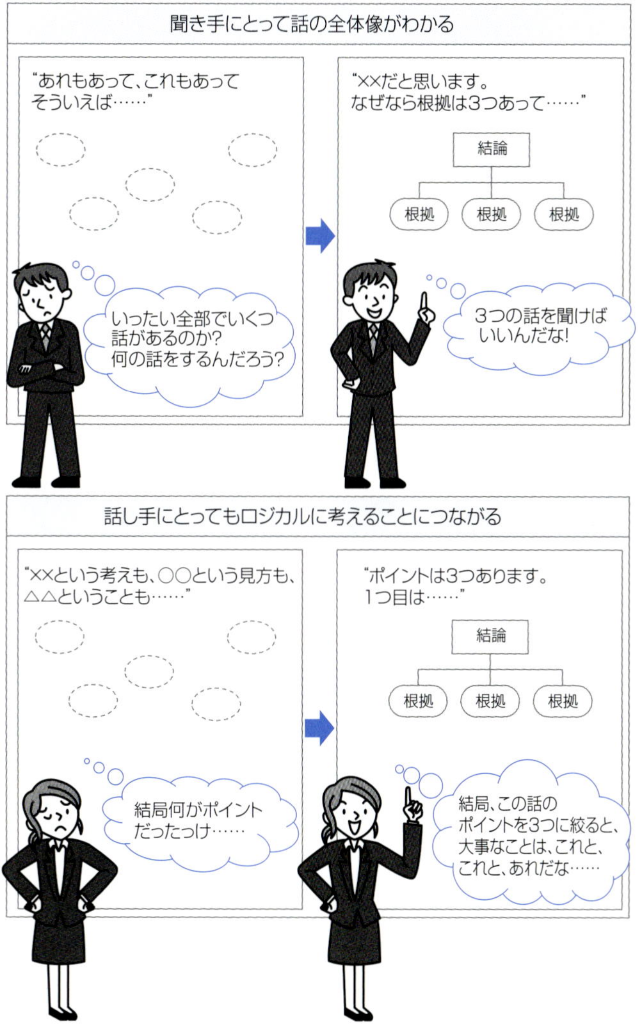
聞き手にとって話の全体像がわかる
"あれもあって、これもあって
そういえば……"
いったい全部でいくつ
話があるのか?
何の話をするんだろう?
"××だと思います。
なぜなら根拠は3つあって……"
結論
根拠
根拠
根拠
3つの話を聞けば
いいんだな!
話し手にとってもロジカルに考えることにつながる
"××という考えも、○○という見方も、
△△ということも……"
結局何がポイント
だったっけ……
"ポイントは3つあります。
1つ目は……"
結論
根拠
根拠
根拠
結局、この話の
ポイントを3つに絞ると、
大事なことは、これと、
これと、あれだな……

55 説得力が増すCRFの原則

CRFの原則とは、C（Conclusion：結論）、R（Reasons：理由）、F（Facts：裏づけ）の順番で物事を説明する方法です。C→R→Fの３段階でのピラミッド構造になっているので、大きな説得力を持つことになります。

たとえば、Xが殺害されたという架空の事件を考えましょう。CRFの原則は、このX殺害事件の容疑者であるAが犯人であることを説得するために最も適した説明の方法になります。様々な状況証拠や物的証拠を組み合わせ、CRFの原則を適用すると、次のような説明になります。Aが犯人である可能性が高い（C：結論）→多額の借金や恨みという動機もある（R：理由）→多額の借金を示す念書や、人前で侮辱されていたという目撃証言もあり、さらにAにはアリバイもなく、Aの毛髪がXの死体に付着していた（F：裏づけ）。

実は、これは結論を頂点とするピラミッド構造になっています。結論から理由、証拠（事実）へと枝分かれして、下に行けば行くほど具体性が増す形になっています。説明の骨格がしっかりとしたピラミッド構造になっている、これが説得力の源になっているのです。

CRFの原則は、強力な説明の手法ではあります。しかし、その論理を構築する際には、「クリティカル（批判的）」であるべきです。ひょっとしたら、Aは借金をしても何とも思わない人だったかもしれません。またAは、前日にXの部屋を訪れ、そこで落ちた髪の毛が死体に付着したのかもしれません。いろんな反論には十分備えておくべきであることは言うまでもありません。

CRFの法則による説得力も、実はピラミッド構造によるパワー

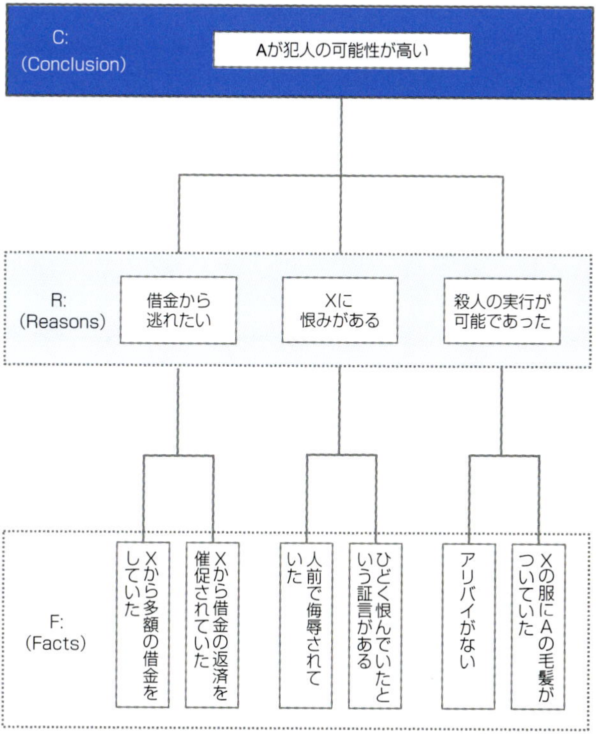
C:
(Conclusion)
Aが犯人の可能性が高い
R:
(Reasons)
借金から逃れたい
Xに恨みがある
殺人の実行が可能であった
F:
(Facts)
Xから多額の借金をしていた
Xから借金の返済を催促されていた
人前で侮辱されていた
ひどく恨んでいたという証言がある
アリバイがない
Xの服にAの毛髪がついていた

56 事実・認識・意見は明確に分ける

どこまでが事実で、どこからが自分の認識、意見なのかを明確に分けて話をすることが、意味のあるコミュニケーションには大切です。根拠となる事実をしっかりと踏まえれば、認識、意見をかみ合わせることができます。

事実と、自分の認識、意見が混ざってしまっていては、聞き手はどこまでが事実かわからず、議論がかみ合わなくなってしまいます。事実とは、数字や出来事などの客観的な情報です。認識とは、その事実を主観的にどう捉えるかという理解や判断にあたります。意見とは、その事実と認識に基づき、各人が何を主張するかです。事実は事実であり不変ですが、認識や意見は、人によってバラツキがあるものです。

たとえば、近年の円高について話をするときに、「ユーロは2011年５月から12月にかけ、120円から100円へと、半年で15％程度の円高になった」というのは客観的な事実です。この事実に基づき、「最近の円高は、すごい勢いで進んでいる」と考えるのは認識です。別の人は、「最近の円高の勢いはさほどではない」と考えているかもしれません。おそらくその人は、「2008年６月から12月にかけて、１ユーロが160円から120円へと、半年で25％程度の円高になった」という事実を念頭に置いているのでしょう。一方、「今後も円高が続くだろう」「円高阻止に向けて政府が介入すべきだ」というのは意見です。

認識と意見だけをぶつけ合っていては、互いの理解や議論は深まらず、結論に至ることはありません。大切なことは、その根拠となる事実をしっかりと確認、議論することです。

何が事実かを明確にした上で議論を始めよう

	定義	例	
事実	数字や出来事など客観的な情報	“ユーロは2011年5月から12月にかけて120円から100円に。半年で15%の円高になった”	不変
認識	その事実を主観的にどう捉えるかという理解・判断	“最近の円高はすごい勢いで進んでいる” “最近の円高は穏やかに進んでいる”	人によりバラツキ
意見	事実と認識に基づき、各人が何をどう主張するか	“今後も円高が続くだろう” “今後は円安になるだろう”	

意見・認識だけをぶつけていても空回りするだけ

意見や、認識を語るだけの別の事実が必要。

57 一次・定量的・中立的情報を重んじる

情報の中で、最も重要視すべきものは、「一次情報」「定量情報」「中立的情報」の３つです。これらの情報は、コミュニケーションの際にも、大きなインパクトをもたらします。

よく「『生』の情報が大切だ」という言葉を耳にします。生の情報とは一次情報のことであり、記事や論文などから得られる間接的な二次情報とは異なります。二次情報は、ものごとをある切り口で切り出した１つの断面にすぎません。いかに優れた切り口で捉えたとしても、そこからこぼれ落ちてしまう要素はあるものです。たとえば、現場に行くと、関係ないと思っていた２つのものが隣り合っており、隣り合っていたこと自体に意味があることに気付くこともあります。それは、実際に目で見て、耳で聞いて、肌で感じて、はじめて理解できる現実そのものなのです。それゆえ、それら生の情報はインパクトがあるということになります。報告資料などにおいても、100の言葉であれこれ語るよりも、「１枚の写真」、「現場の人の一言」のほうが、説得力、納得感があったりするものです。

「定量情報」や「中立情報」は、一次情報に次いでインパクトがあります。「競争環境が厳しくなってきている」よりも、「当社の市場シェアが30％から15％に半減」のほうが、より鮮明に状況をイメージすることができます。また、技術部門の人が当社製品は優れていると言うより、顧客や第三者機関が「優れている」と言ってくれたほうがより大きな意味をもたらすものです。

「生」「数字」「客観性」がインパクトのある情報になる

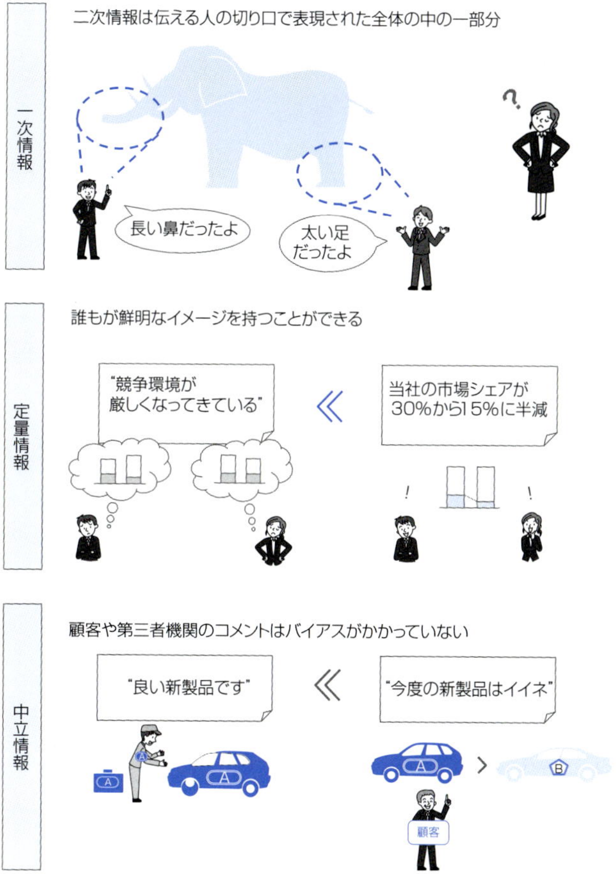
一次情報
二次情報は伝える人の切り口で表現された全体の中の一部分
長い鼻だったよ
太い足だったよ
定量情報
誰もが鮮明なイメージを持つことができる
“競争環境が厳しくなってきている”
当社の市場シェアが30%から15%に半減
中立情報
顧客や第三者機関のコメントはバイアスがかかっていない
“良い新製品です”
“今度の新製品はイイネ”
顧客

58 パワーポイントをうまく活用する

プレゼンテーションにパワーポイントがよく使われるようになりました。パワポでは、図表で効果的にメッセージを伝えることができます。基本はワン・ページ、ワン・メッセージです。

言いたいメッセージに合わせて、それに関係する事実や分析をうまく表現できるか否かは、実は絵的なセンスではなく、論理の力によるところが大です。メッセージと論理構成が明確であれば、その表現方法はおのずと決まってきます。たとえば、メッセージが、何かの「比較」によるものなのか、「構成」に基づくものなのか、あるいは「変化」なのか、「バラツキ」なのか、その違いによって、有効な表現方法は異なります。また、そこに含まれるべき要素が1つか複数かによっても、さらに表現方法が変わってきます。

基本は、1枚のスライドに1つのメッセージ、そこに含まれる図表は1つ（多くても2～3個、あるいは、図表＋コメント）であるべきです。1枚のスライドの中に、1つの完結した世界（全体像）があることが、相手にとってのわかりやすさにつながるのです。時々、1枚のスライドの中に多くの図表が含まれ、いろんな方向の矢印が躍っていたりしますが、それは論理の混乱以外のなにものでもありません。

プレゼンテーションやスライドの出来具合によって、コミュニケーションの効果は大きく左右されます。少し余分に時間を使っても損はありません。ジョブズほどの達人になると、ビジュアルの世界にのめり込むぐらいに、表現やプレゼンに時間や力を注いでいます。

基本は1スライド1メッセージ

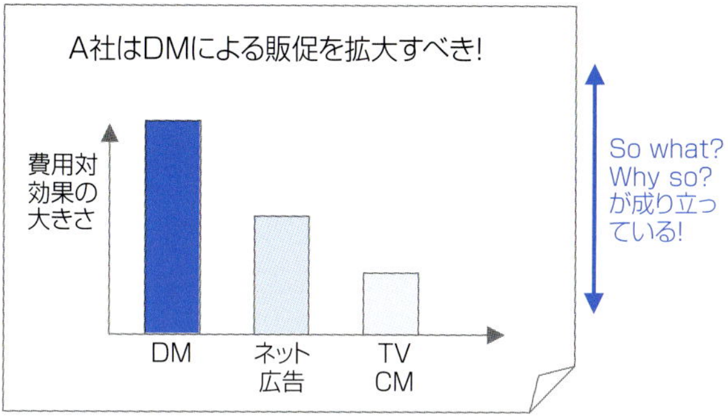
A社はDM による販促を拡大すべき!
費用対効果の大きさ
DM
ネット広告
TV CM
So what? Why so? が成り立っている!

伝える内容によって見せ方は様々

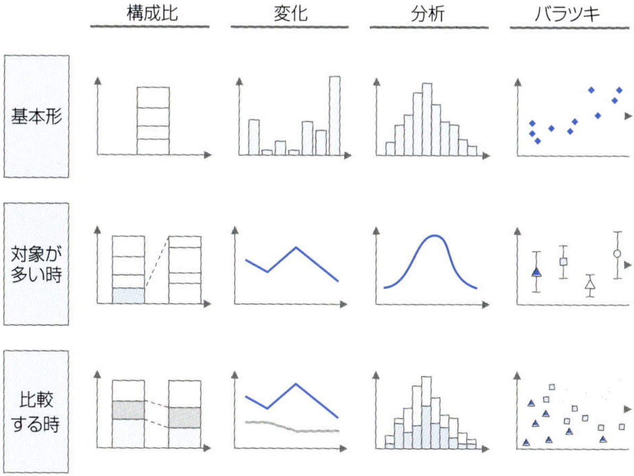
構成比
変化
分析
バラツキ
基本形
対象が多い時
比較する時

59 ストーリーがヒトの心を動かす

事実や論理をただ単に羅列するのにとどまらず、伝えることをストーリー（物語）として構成することによって、聞き手の共感を生み出すことができます。

「アンサーファースト」や「CRF の原則」は、ロジカルにコミュニケーションするうえでの基本です。これらの基本を押さえることによって、論旨を明快に理解してもらえます。ただ、理解以上に、相手に深く共感してもらうためには、ストーリーの力が必要です。なぜなら、人は、事実ではなくストーリーによって感動するからです。たとえば、よく知らない海外の選手が、オリンピックで金メダルを取った場合と、すごく親しい友人が苦労の末に金メダルを取った場合を比べると、明らかに後者のほうに感動を覚えるでしょう。それは、友人の苦労や喜び、その友人の家族の状況などが目に浮かぶからです。金メダルという事実が、様々な要素と絡んだ物語に変わるのです。

ストーリーを描くためには、伝えたい論理、つまり、ピラミッド構造の中身を文章に書き出してみることです。箇条書きでもかまいません。最初から最後まで、「一筆書きのストーリー」を描き切る努力に意味があります。聞き手は、聞いたところまでしか理解できません。それゆえ、次を聞きたくなるような話の流れを、「幹」に当たる仮説や論点、「枝葉」にあたる事実や分析をうまく組み合わせることによって構成していくのです。ピラミッド構造さえしっかりしていれば、場合によっては、アンサーファーストを意識的に崩すこともありかもしれません。

事実が様々な要素と絡み合うことで共感を生む

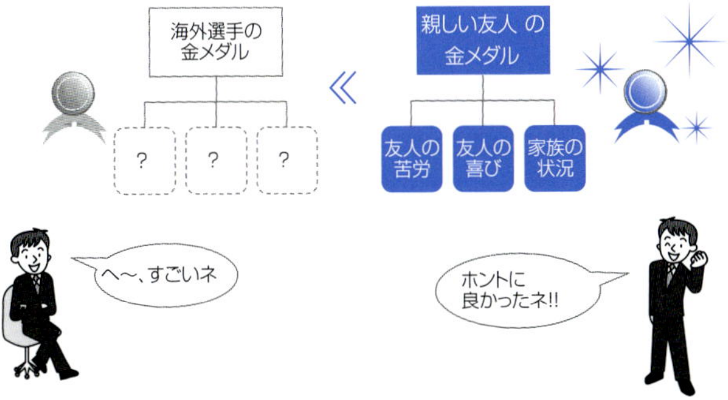
海外選手の金メダル
?
?
?
≪
親しい友人の金メダル
友人の苦労
友人の喜び
家族の状況
へ～、すごいネ
ホントに良かったネ!!

ピラミッド構造を「一筆書きのストーリー」で描き、聞き手の共感を生む

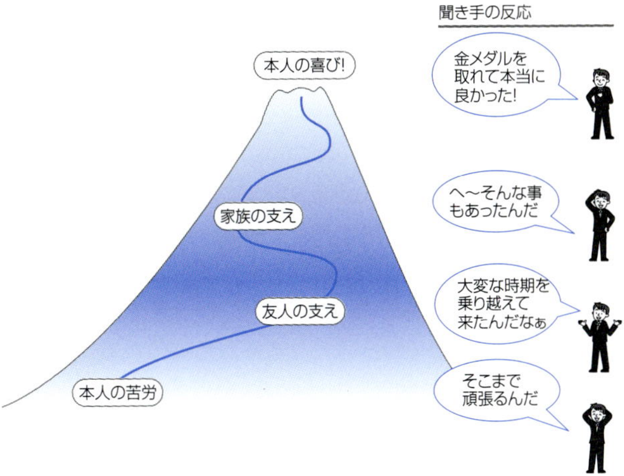
聞き手の反応
本人の喜び!
家族の支え
友人の支え
本人の苦労
金メダルを取れて本当に良かった!
へ～そんな事もあったんだ
大変な時期を乗り越えて来たんだなぁ
そこまで頑張るんだ

Coffee Break

30秒以内に伝えるエレベータートークとは

「エレベータートーク」という言葉があります。これは、短時間で言いたいことをわかりやすく伝えるコミュニケーションのことを指します。昔、アメリカのシリコンバレーの起業家が、ベンチャーキャピタリストの勤務するオフィスのエレベーターで待ち伏せ、偶然エレベーターに乗り合わせたふうを装い、30秒程度の短い時間に自らの事業の魅力を伝え、資金調達ができたという逸話がもとになっています。シリコンバレーでは、著名なベンチャーキャピタリストの出資を受けることが他の金融機関から融資を引き出すための重要な要素だったため、多くの起業家がベンチャーキャピタリスト巡りをしたといわれています。

30秒程度の短い時間に簡潔にポイントだけを説明し、相手を納得させることは大変高度な技術です。たとえば、今、実施しているプロジェクトの状況をたまたまエレベーターに乗り合わせた社長に説明する。あるいは、新たな営業企画案をエレベーターの限られた時間内で上司に説明する。このような場合、作業やプロセスについて長々と説明する時間はありません。また、枝葉末節についてじっくり説明することも難しいでしょう。大切なことは、結論と論点だけを的確に伝えることです。こういった状況でも、あなたは大事なことをしっかり伝えられるだけ、考えが整理されているでしょうか？　エレベータートークをうまくおこなうには、普段から油断せずに考えておかなければいけません。ただし、昨今、企業のコンプライアンスや情報漏えいの問題が大きく注目され始め、そもそも、エレベーターの中では、そんな話をするべきではないかもしれませんが……。

第Ⅶ章

ロジカル・シンキングの訓練法

60 日常の出来事をいろいろと分解してみる

ロジカル・シンキングを鍛えるために、特別な環境を用意する必要はありません。日常生活の中で、身近なものをロジカルに因数分解してみることで、その能力を高めることができます。

ロジカル・シンキングの基本は、モレなくダブリなく、分けることでした。特段、難しい数字が出てくるわけではありません。それゆえ、最も手っ取り早い訓練法は分けるクセをつけてしまうことです。まずは、日常生活で何げなく目に触れるものを分解しながら、定量化することから始めましょう。たとえば、電車の中で、この車両には何人ぐらいの乗客が乗っているのか、を考えてみることなどがそれにあたります。「まず、立っている人、座っている人に分けられる。座っている人の数は、椅子の長さを１人あたり占有幅で割り、その占有率を掛ければ計算可能。立っている人の数は、車両の大きさを１人あたりの占有面積で割り、占有率を掛ければよい」、こんな論理に基づく計算を、頭の中でやってみるのです。

よりビジネスに直結するものとしては、レストランは格好の題材です。座席数、客の入りや回転率、客あたり単価、店員の数、１人あたり人件費、原材料費、家賃や光熱費などを考え、その店の儲けを計算してみるのも良い訓練になります。あるいは、テレビＣＭを見て、ターゲットが誰で、どれくらいの人の目に触れ、何人が購入するか、その際の利益と費用の関係は……、と考えてみたりするのです。これらは、経営戦略やマーケティングの勉強にもなり一石二鳥です。

ロジカル・シンキングの練習に特別な環境は必要ない

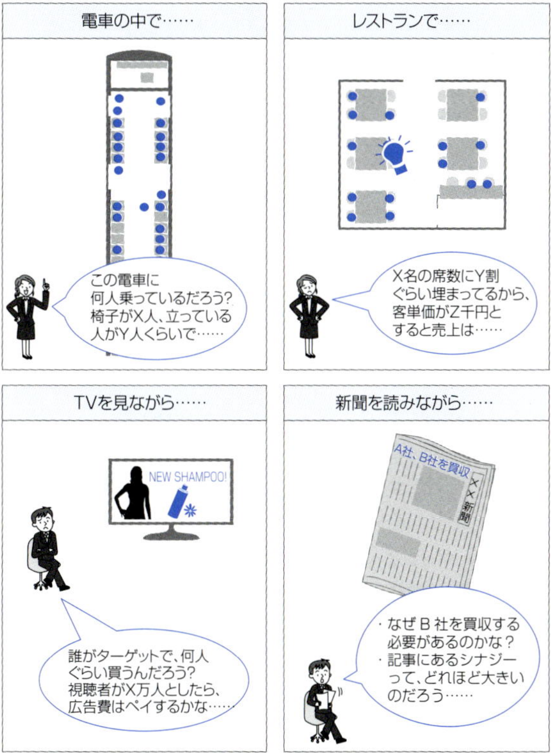
電車の中で……
この電車に
何人乗っているだろう？
椅子がX人、立っている
人がY人くらいで……
レストランで……
X名の席数にY割
ぐらい埋まってるから、
客単価がZ千円と
すると売上は……
TVを見ながら……
NEW SHAMPOO!
誰がターゲットで、何人
ぐらい買うんだろう？
視聴者がX万人としたら、
広告費はペイするかな……
新聞を読みながら……
A社、B社を買収
××新聞
・なぜB社を買収する
必要があるのかな？
・記事にあるシナジー
って、どれほど大きい
のだろう……

61 本質的な問題にチャレンジする

答えのなさそうな本質的な問題にチャレンジすることも、ロジカル・シンキングの訓練に役立ちます。なぜなら、小手先のテクニックに逃げられないため、いろんな切り口を試したり、深く考えるための訓練になるからです。

たとえば、「正義とは何か？」「文明にはなぜ栄枯盛衰があるのか？」といった本質的な問題に答えようとすることは、頭の基礎体力を鍛えるために有効です。もちろん、なかなか正解はないでしょう。ここでは、答えを出すこと自体に意味があるのではなく、問題にどう切り込むかの試行錯誤に意味があります。経営学やマーケティング、あるいは、多くの学問には、MECEなフレームワークや切り口のヒントがたくさんあります。それらはとても有用ですが、多くの人が最初に直面するのは、「どのフレームワークを使って、どんな切り口で考え始めればよいかがわからない」という課題です。本質的な問題へのチャレンジは、この課題に対する訓練になるのです。本質的な問題には、既存のフレームワークをそのまま安直に活用するアプローチは通用しないものです。

さらに、情報に頼ることができない点も、この訓練法のメリットです。何を調べればよいかもあいまいだし、調べていてはきりがなく、調べても手軽な答えが見つかるわけではありません。どうしても、自分で深く論理を考え、自分なりの仮説を作り、「正義とは×××だ」というスタンスを取らざるを得ないのです。問題に取り組む主たる手段が、自分の論理的思考力のみになってしまうので、自然と考えることに自分が追いやられるのです。

本質的な問題にチャレンジすることで自分で考える力を訓練する

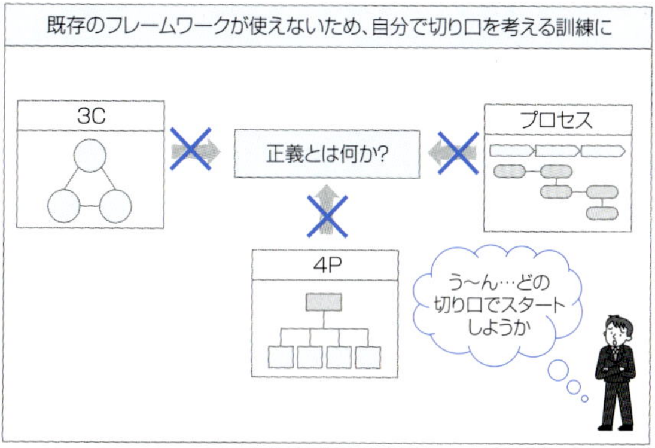
既存のフレームワークが使えないため、自分で切り口を考える訓練に
3C
正義とは何か?
プロセス
4P
う〜ん…どの
切り口でスタート
しようか

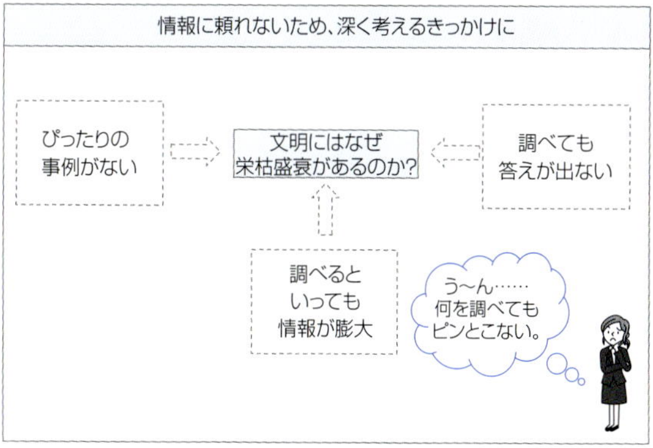
情報に頼れないため、深く考えるきっかけに
ぴったりの
事例がない
文明にはなぜ
栄枯盛衰があるのか?
調べても
答えが出ない
調べると
いっても
情報が膨大
う〜ん……
何を調べても
ピンとこない。

頼りになるのは自分の論理の力だけ

62 数字感覚を養う

物事を数字で見ようとする姿勢を養うことが、議論していること・考えていることのレベル感、つまり、全体の中で重要度を理解する力を高めてくれることになります。

最近、国家予算の削減策が議論されています。その中で、一時期、公務員宿舎建設費の問題がマスコミで大きく取り上げられました。政治家や官僚のコスト意識を問ううえでは、重要なテーマかもしれません。しかし、実際、財政再建にはどの程度インパクトがあるのでしょうか？　公務員宿舎の事業規模は約100億円です。一方、平成24（2012）年度の国家予算は約90兆円です。つまり、国家予算の約0.01％の話を、国会・国民・マスコミで延々とおこなっていることになるのです。数字感覚を持つことで、より正確に問題を把握し、物事の重要性や優先順位を正しく理解することができるのです。

特に重要な数字感覚は、「絶対値」です。割合や比率だけを頼りにしていては、意味のない考えや議論に陥ってしまうことになりかねません。たとえば、「ある食品を食べると、ある病気になる確率が10倍になってしまうので大変だ」というような話はよく耳にします。しかし、その病気になる人が日本でたった10人しかいなかったら、たとえ10倍になっても100人程度にしか増えません。10倍という響きに惑わされてはいけないのです。絶対値を比べると、この病気が10倍に跳ね上がる問題よりも、交通事故や自殺のほうが大きな問題であることに気がつきます。日頃から、物事を定量的に捉える努力はおこなっていて損はないのです。

議論している内容の重要性を常に意識する

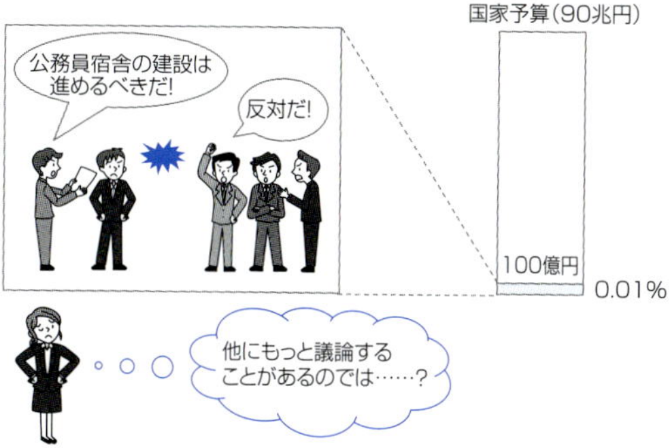

比率だけに惑わされるな! 絶対値が大事!

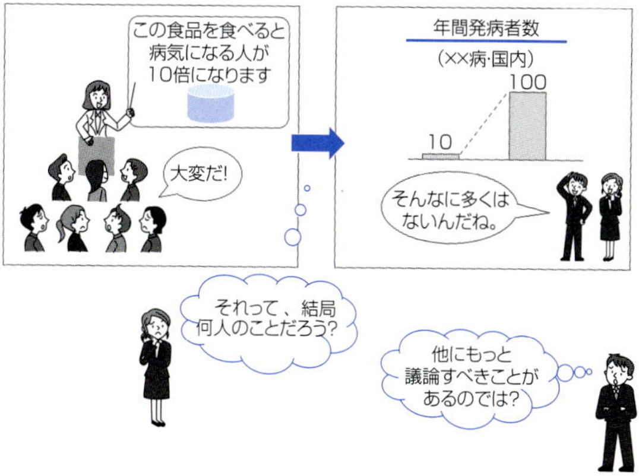

63「勝手にテコ入れトレーニング」を行う

考える力を発揮するためには、他人事ではなく、主体的に考えようとするメンタリティーが必要です。「勝手にテコ入れトレーニング」によって、当事者意識を養うことができます。

誰かが考えてくれる、誰かが解決してくれると感じたとき、人は無意識のうちに考えることをやめてしまいます。会議などで、優秀な人がいると、ついつい、その人に頼ってしまう心が生まれたりします。俗に言う「フリーライダー(ただ乗りする人)」の発生です。主体的に、意識して考えようとしない限り、決して考える力を最大限発揮することはできません。

主体的に考える姿勢を身につけるためには、小山薫堂さん(放送作家、米アカデミー賞を受賞した「おくりびと」の脚本も手掛ける）が紹介する「勝手にテコ入れトレーニング」が有効です。たとえば、レストランでメニューを見たとき、「何を食べようかな」と眺めるだけでなく、「自分なら、メニューをこう変える」「ここの表現は、こうすべき」と頼まれもしないのに、当事者になったつもりで、「勝手に」突っ込むのです（もちろん、それを面と向かって誰かに言うことはないでしょうが……)。あるいは、製品を買った際、「こうだったら、もっと便利なのに」でも良いでしょう。このトレーニングは、健全に疑う力（クリティカル・シンキング）を鍛え、いろんな発想を自然に生み出すアイデア体質になるための近道でもあります。常に、主体的に、自分の事として考えるクセをつけることによって、ロジカル・シンキングの土台はでき上がっていきます。

考えることのフリーライダーになることなかれ

"ついつい人に頼ってしまいがち……"

会議では……
"エースの××君が
いるから大丈夫!"
報告書でも……
"先輩が直してくれるから
これぐらいでいいかな……"

「勝手にテコ入れトレーニング」で主体性を養う

たとえば、レストランで

ただ、オーダーするだけでなく……
どれに
しようかな…
MENU
・○○○
・△△△
・□□□
頼まれて
ないけど……
オーナーになったつもりで……
『自分なら』
メニューは
こう書くかな。
MENU
・○○○ → ◇◇◇
・△△△ → ⬠⬠⬠
・□□□
・◇◇◇
新たにこれを
追加しよう

64 頭の引き出しを増やす

頭の中に10個程度の考えるパターンを自分なりに分類・整理しておくと、新しい問題に出くわしたときにも、アナロジー（類推）が働き、問題の取っ掛かりが見えてくるものです。

すべてを自分でゼロから考える必要はありません。それまで自分が出合った問題設定や解決のパターンは、積極的に活用すべきです。現象は異なっていても、その奥にある構造が同じであれば、同じような問題設定や解決が可能です。構造が同じならアナロジーが働くのです。たとえば、「栄養ドリンクを飲んで、疲れた体にむち打って働くこと」と、「赤字国債を発行して、何とか財政を維持すること」は構造的には同じだと思います。共に未来にツケを先送りし、事態を悪化させているにすぎません。根本的な解決策は、「ムダな仕事を減らし、効率的にこなす能力を身につける」ことしかありません。国についても同じことが言えます。この例は、物事を「システムとして見る」というパターンであり、頭の引き出しの１つになりえます。

これ以外にも、物事の進化のパターンである「ライフサイクル」、中途半端な状況が生み出す「Ｖ字の谷」、学習・経験により効率が上がる「経験曲線」、プロセスが不連続に変わる「デコンストラクション」、変わるものではなく不変を見る「コア・コンピタンス」など、いろいろなパターンがありえます。これまで役立ったパターン認識の方法を、キーワードとともに頭の中の引き出しに整理しておくことは、思考のスピードを上げるのに役立ちます。

問題設定や解決のパターンを引き出しに

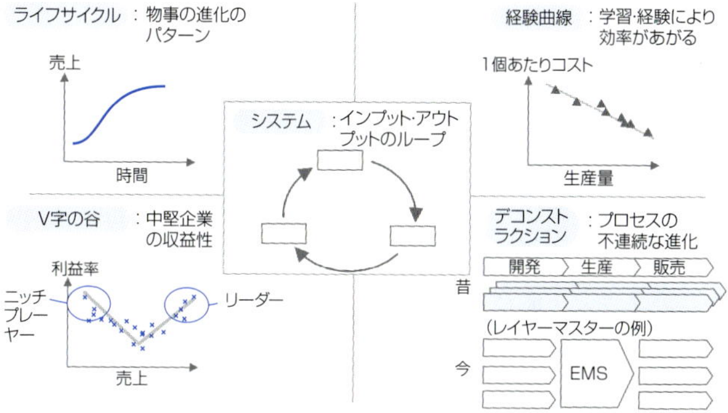

ライフサイクル：物事の進化のパターン
売上
時間
経験曲線：学習·経験により効率があがる
1個あたりコスト
生産量
システム：インプット·アウトプットのループ
V字の谷：中堅企業の収益性
利益率
ニッチプレーヤー
リーダー
売上
デコンストラクション：プロセスの不連続な進化
開発
生産
販売
昔
(レイヤーマスターの例)
今
EMS

パターンを活用することで、アナロジーを働かせる（システムの事例）

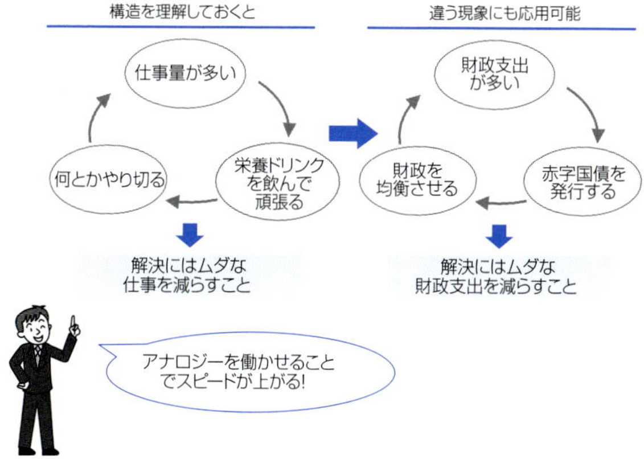

構造を理解しておくと
仕事量が多い
栄養ドリンクを飲んで頑張る
何とかやり切る
解決にはムダな仕事を減らすこと
違う現象にも応用可能
財政支出が多い
赤字国債を発行する
財政を均衡させる
解決にはムダな財政支出を減らすこと
アナロジーを働かせることでスピードが上がる!

65 未来のシナリオを作ってみる

未来に起こりうることのシナリオや、それを引き起こすドライバー（要因）を考えることで、ダイナミックに物事を考える訓練を積むことができます。

変化の速い世の中、何がどう変化していくかを自分なりに先読みすることには意味があるはずです。それには、シナリオ・プラニングと呼ばれる方法があります。未来に影響を与える２つの要素（ドライビング・フォース）を選び、その２つの要素を組み合わせて２×２のマトリックスを作成、４つの想定しうる未来を描いてみるという手法です。このシナリオ・プランニングは、ロジカル・シンキングを鍛えるうえでも、いくつかのメリットをもたらしてくれます。１つ目は、未来に影響を与える多くの要素から、２つのドライビング・フォースを選び切る努力が、「ゴールデンカット」を設定しようとする努力に通じるものがあることです。２つ目は、未来で起こりうることを、論理的なシナリオに落とし込もうとする努力が、論理のブラックボックス化を避けることに通じることです。

もちろん、想定する未来が自分の生活や仕事に関連することであれば、それはそのまま役立ちます。もし、未来がシナリオ通りにならなくても、シナリオを持っている分、すぐに軌道修正することができるからです。「現実（未来の）⇔論理（シナリオ）」の間を行ったり来たりすることは、仮説が新たな事実によって進化していくように、ダイナミックに考える訓練にも通じるものがあるのです（これが最も大きなメリットです）。

シナリオを描くことで、キードライバーを特定

事例　新興国Aへの新規参入シナリオ（販売目的で）

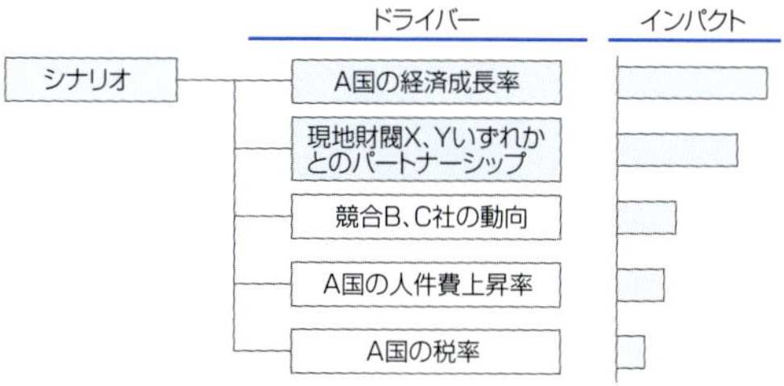
ドライバー
インパクト
シナリオ
A国の経済成長率
現地財閥X、Yいずれかとのパートナーシップ
競合B、C社の動向
A国の人件費上昇率
A国の税率

「ゴールデンカット」を設定する努力につながる

シナリオを持つことによって、ダイナミックに物事を考える！

事例　新興国Aへの新規参入シナリオ（販売目的）

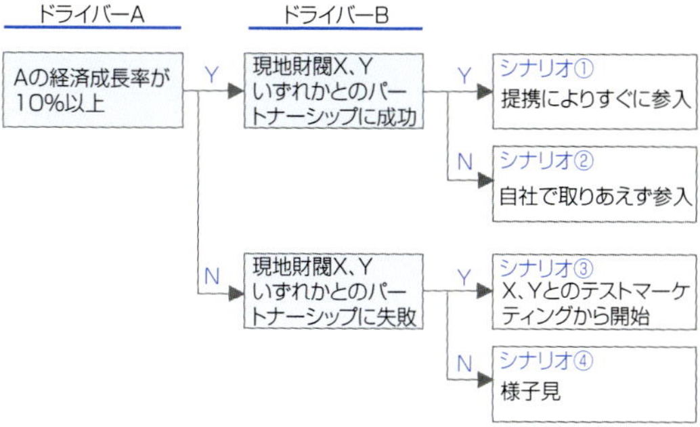
ドライバーA
ドライバーB
Aの経済成長率が10%以上
Y
N
現地財閥X、Yいずれかとのパートナーシップに成功
現地財閥X、Yいずれかとのパートナーシップに失敗
シナリオ①
提携によりすぐに参入
シナリオ②
自社で取りあえず参入
シナリオ③
X、Yとのテストマーケティングから開始
シナリオ④
様子見

66 思考の「見える化」をする

ホワイトボード等を使って、自分の考えていることを「見える化」することは、思考を深めていく上で、大きな威力を発揮します。なぜなら、思考の「見える化」によって、思考のモレや矛盾、弱点が明らかになるからです。

実際に、考えていることを言葉に表現してみたり、構造や因果関係を図にする作業は、頭の中で何となく描いている論理の「ゆるさ」を白日のもとに晒してくれることにつながります。頭の中でわかったつもりになっていることは、思った以上に、ロジックが厳密ではないケースがほとんどです。

思考の「見える化」に最も役に立つツールがホワイトボードです。まず、何といっても画面が大きいことです。画面が大きいので、「思考の全体像」を１枚のキャンバスの上に描き出すことができます。書いたり、消したりすることが容易にできるのも利点の１つです。また、書く内容のみならず、書く場所も変えられるので、ロジックを変更、深化させていくこともできます。さらには、いろんな色を使うことでイメージを膨らますこともできます。

実際に、ホワイトボードを使うときには、事実は四角、仮説は円、因果関係は矢印、大事なところには☆印というふうに、いろいろな図形を使うことをお勧めします。それによって、全体像をイメージとして捉えることができるからです。ロジカル・シンキングというと、左脳的（論理的）な響きを感じますが、ピラミッド構造など、図を使いながら考えるということは右脳（直観）を使う思考法なのです。

思考を「見える化」することで、考えを進化させる

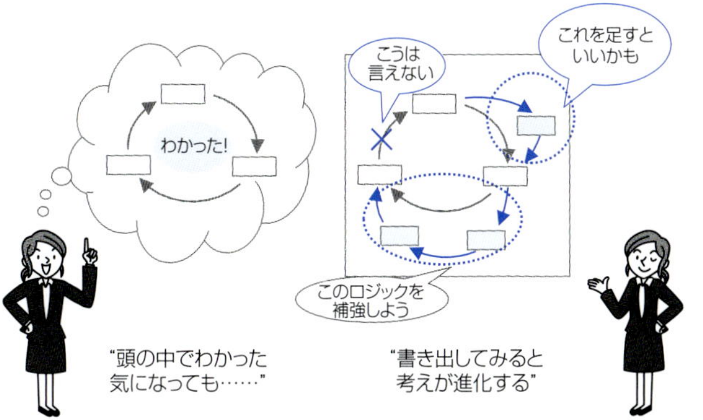
わかった!
こうは
言えない
これを足すと
いいかも
このロジックを
補強しよう
“頭の中でわかった
気になっても……”
“書き出してみると
考えが進化する”

ホワイトボードを使って、全体像を明らかにする

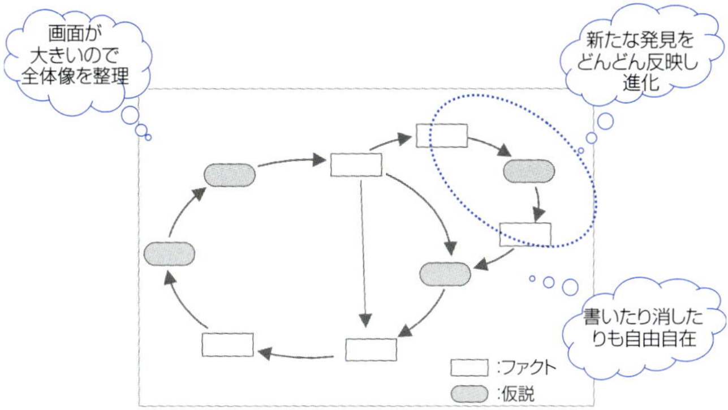
画面が
大きいので
全体像を整理
新たな発見を
どんどん反映し
進化
書いたり消した
りも自由自在
:ファクト
:仮説

67 宙ぶらりんに耐える

考えている途中で、その考えを1日程度寝かせてみると、考えが熟成し、新しいヒラメキが生まれることもあります。宙ぶらりんな状態はつらいですが、すぐ答えに飛びつく衝動をグッとこらえてみることも時には必要です。

仮説思考を実践しようとすると、安易な答えに飛びついてしまうリスクも生まれてしまいます。仮説思考は、決して、浅はかな考えで満足して良い、ということではありません。あくまで、考え抜いた上での仮説を構築すべきです。時間的な余裕がある場合は、ある程度考えがまとまった段階でしばらく時間を置いてみることが得策です。早く考えをまとめたいという欲求は誰しも持っており、宙ぶらりんな状態は気持ち悪いものですが、時間を置いた分、頭の片隅では着実に考えが深まっているのです。

昔から、ヒラメキを得る場所を、「三上《さんじょう》」といいました。それは、馬上、枕上《ちんじょう》、厠上《しじょう》の3つです。それらの場所では、リラックスした瞬間に頭の中で熟成された思考が結びつき、新しいアイデアが表面に浮かび上がってくることも多いのでしょう。今でも、枕上、厠上は生活の中にあります。馬上は、現代では、出張中の飛行機の中や新幹線の中といったところでしょうか？　宙ぶらりんな状態に耐え、考えることを諦めないことを心掛けることによって、知的忍耐力は向上します。ヒラメキは努力の中から生まれてくるものなのです。

日常の仕事では、夜ある程度のところまで考えたら、翌日、それをもう一度、フレッシュな頭で考えることを実践すると、考えの完成度が増していくことは間違いありません。

思考途中で寝かせることで、考えを熟成させる

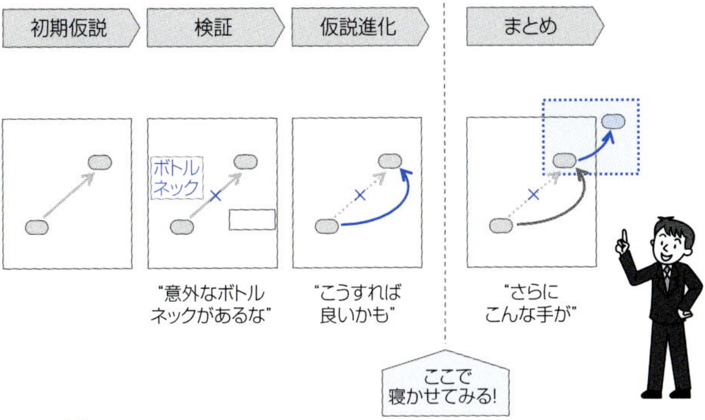
初期仮説
検証
仮説進化
まとめ
ボトルネック
"意外なボトルネックがあるな"
"こうすれば良いかも"
"さらにこんな手が"
ここで寝かせてみる!

ある程度のところでやめて、翌朝考え直してみるのも有効

ひらめきを得る場所:「三上《さんじょう》」

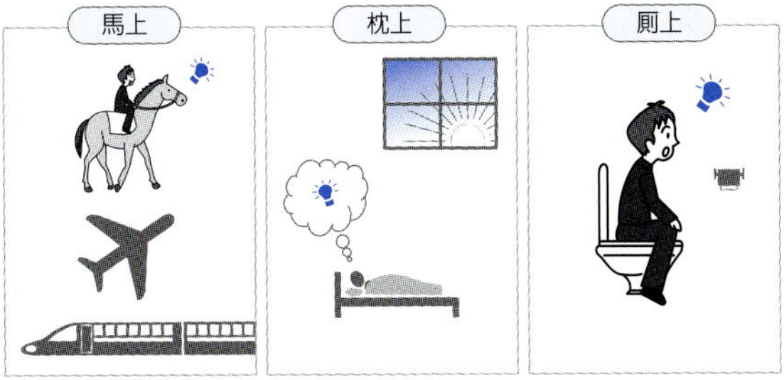
馬上
枕上
厠上

68 常にワンランク、ツーランク上の立場で考える

自分の上司の立場、あるいはその上の立場ぐらいの高さからロジカル・シンキングを心掛けると、見えてくるMECEな全体像は、自然と「ビッグピクチャー」になっていきます。

自分の目線だけで考えていると、どうしても目の前のことだけにとらわれがちになってしまいます。たとえば、あなたが営業担当者だとして、売上の拡大を考えた場合、その目線からは、自分のお客しか見えていないのが普通でしょう。値引きや営業活動も、そのお客さんの範囲内で考えてしまうことになります。一段視座を上げて、上司である営業部長の立場で考えると、あなたのやることと他の営業担当者のやることの間に、整合性を取る必要性が生じてきます。一方、チームとして動くという新たな選択肢も増えることになります。さらに、その上の上司である事業部長の立場で考えると、営業活動を超えて、製品開発やマーケティングまで含めた打ち手が視野に入ってきます。

視座を上げると、おのずと見えてくる全体像は大きくなっていきます。そこからは、新たな問題解決策が見えてくる可能性も高くなるのです。営業部長と相談しチームで動くことで、より大きな売上拡大を実現できるかもしれません。あるいは、事業部長と議論し、製品改良を実現することで、今の売上10%アップではなく、半年後の売上倍増を手にすることができるかもしれません。ワンランク・ツーランク上の目線で考えを広げてみることに損はありません。また、そう考えることは、実はキャリアアップの予行演習にもなっているのです。

目線をワンランク、ツーランク上げて、「ビッグピクチャー」で考える

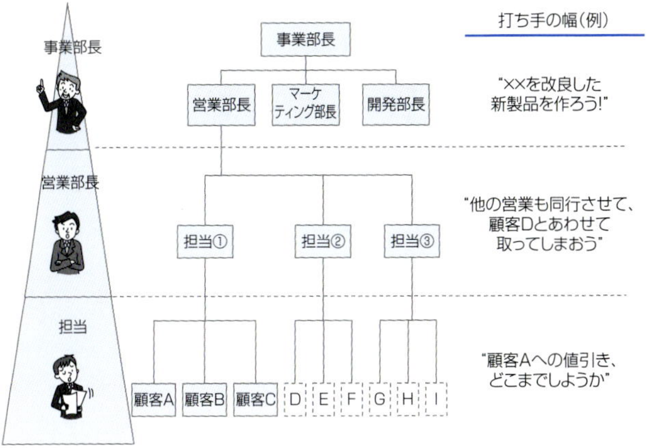
事業部長
営業部長
担当
打ち手の幅(例)
事業部長
営業部長
マーケティング部長
開発部長
"××を改良した新製品を作ろう!"
担当①
担当②
担当③
"他の営業も同行させて、顧客Dとあわせて取ってしまおう"
顧客A
顧客B
顧客C
D
E
F
G
H
I
"顧客Aへの値引き、どこまでしようか"

目線を上げることで、インパクトも大きく!

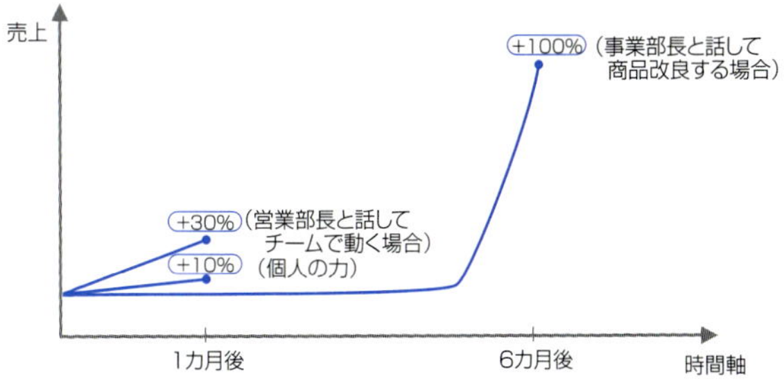
売上
+100% (事業部長と話して商品改良する場合)
+30% (営業部長と話してチームで動く場合)
+10% (個人の力)
1カ月後
6カ月後
時間軸

69 SMARTに考えよう

ロジカル・シンキングの最終的な目的は、結果を出していくことです。机上の空論では意味がありません。考えたことを実現させていくためには、常に目標設定は、SMARTであるべきです。

SMARTとは、目標設定をおこない、「行動」を起こすときに気をつけるべき点を5つにまとめたものです。SMARTという言葉は、S（specific）、M（measurable）、A（agreed upon）、R（realistic）、T（timely）の英単語の頭文字を取ったものです。S（specific）とは、やるべきことが具体的になっているかということです。次に、M（measurable）とは、目標が定量的に測定可能かどうかです。測定できなければ、解決できたかを判断することすらできません。A（agreed upon）とは納得しているか否か、R（realistic）とは現実的か否かです。最後のT（timely）は、今が適切なタイミングであり、目標達成の期日が定められているかを意味しています。

ロジカル・シンキングの本来の目的は、正しく考え、正しい結論を出すことでした。そのロジカル・シンキングは、仕事や生活の中で、実際に役立ってはじめて意味を持つといえるでしょう。もし、考えたことがしっかりと相手に伝わらなければ、それは自己満足にすぎません。また、相手に伝わったことがしっかりと現実のものとなっていかなければ、それは価値を生んでいないことになります。

問題設定から問題解決策の発見、その最後の仕上げは「行動」です。ぜひ、ロジカル・シンキングの最後の詰めをおこなう際には、SMARTの原則を思い出してください。

「正しく考える」ために――ロジカル・シンキングで論理をチェック

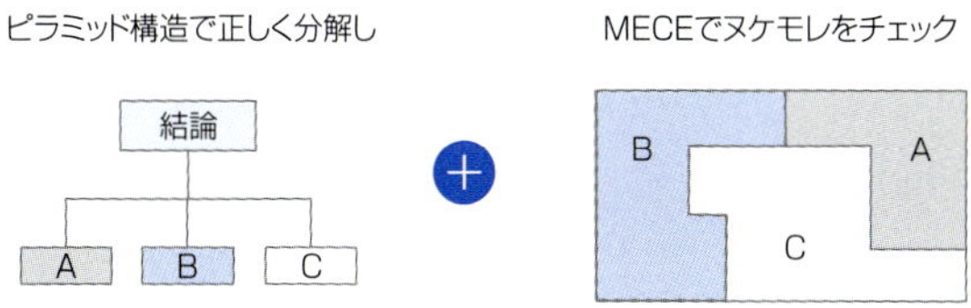

ピラミッド構造で正しく分解し
結論
A
B
C
MECEでヌケモレをチェック
B
A
C

「正しく考える」ために―― SMART で目標設定をチェック

S (Specific)	やるべきことが具体的になっているか
M (Measurable)	目標が定量的に測定可能か
A (Agreed upon)	目標に納得しているか否か
R (Realistic)	目標は現実的か否か
T (Timely)	今が最適なタイミングであり、期限がしっかり決められているか

平井孝志（ひらい・たかし）
ローランド・ベルガー　取締役シニアパートナー、青山学院大学非常勤講師

東京大学大学院理学系研究科修士課程修了後、米国系戦略コンサルティング・ファーム、デル及びスターバックスなど複数の事業会社を経て、ローランド・ベルガーに参画。米国マサチューセッツ工科大学スローン経営大学院 MBA。
消費財、コンピュータ、自動車など幅広い業界で、営業・マーケティング戦略、全社戦略の立案および実施支援を行う。また、組織力強化のためのリーダーシップ研修も手掛ける。著書に『組織力を高める』（共著、東洋経済新報社）『売れる「じぶん」を作る』（日本経済新聞出版社）等がある。

渡部高士（わたなべ・たかし）
ローランド・ベルガー　プリンシパル

一橋大学商学部を卒業後、富士銀行、米国系戦略コンサルティング・ファーム、アマゾンジャパンを経て、ローランド・ベルガーに参画。米国マサチューセッツ工科大学スローン経営大学院卒業。
金融、流通・小売、通信・メディア・エンターテイメントなどを中心に幅広い業界で、成長戦略、営業戦略、新規事業支援、再生支援などのプロジェクト経験を持つ。

●日経文庫 1922
ビジュアル
ロジカル・シンキング
2012年4月13日　1版1刷
2013年8月30日　3刷

著　者　平井　孝志
　　　　渡部　高士
発行者　斎田　久夫
発行所　日本経済新聞出版社
http://www.nikkeibook.com/
東京都千代田区大手町1－3－7
郵便番号100－8066
電話（03）3270－0251（代）
印刷・製本　広研印刷
ISBN978－4－532－11922－5